Collection « L'esprit économique »

fondée par Sophie Boutillier et Dimitri Uzunidis en 1996
dirigée par Sophie Boutillier, Blandine Laperche, Dimitri Uzunidis

Si l'apparence des choses se confondait avec leur réalité, toute réflexion, toute Science, toute recherche serait superflue. La collection « L'esprit économique » soulève le débat, textes et images à l'appui, sur la face cachée économique des faits sociaux : rapports de pouvoir, de production et d'échange, innovations organisationnelles, technologiques et financières, espaces globaux et microéconomiques de valorisation et de profit, pensées critiques et novatrices sur le monde en mouvement...
Ces ouvrages s'adressent aux étudiants, aux enseignants, aux chercheurs en sciences économiques, politiques, sociales, juridiques et de gestion, ainsi qu'aux experts d'entreprise et d'administration des institutions.

La collection est divisée en six séries :

Dans la série *Economie et Innovation* sont publiés des ouvrages d'économie industrielle, financière et du travail et de sociologie économique qui mettent l'accent sur les transformations économiques et sociales suite à l'introduction de nouvelles techniques et méthodes de production. L'innovation se confond avec la nouveauté marchande et touche le cœur même des rapports sociaux et de leurs représentations institutionnelles.

La série *Economie formelle* a pour objectif de promouvoir l'analyse des faits économiques contemporains en s'appuyant sur les approches critiques de l'économie telle qu'elle est enseignée et normalisée mondialement. Elle comprend des livres qui s'interrogent sur les choix des acteurs économiques dans une perspective macroéconomique, historique et prospective.

Dans la série *Le Monde en Question* sont publiés des ouvrages d'économie politique traitant des problèmes internationaux. Les économies nationales, le développement, les espaces élargis, ainsi que l'étude des ressorts fondamentaux de l'économie mondiale sont les sujets de prédilection dans le choix des publications.

La série *Krisis* a été créée pour faciliter la lecture historique des problèmes économiques et sociaux d'aujourd'hui liés aux métamorphoses de l'organisation industrielle et du travail. Elle comprend la réédition d'ouvrages anciens, de compilations de textes autour des mêmes questions et des ouvrages d'histoire de la pensée et des faits économiques.

La série *Clichés* a été créée pour fixer les impressions du monde économique. Les ouvrages contiennent photos et texte pour faire ressortir les caractéristiques d'une situation donnée. Le premier thème directeur est : mémoire et actualité du travail et de l'industrie ; le second : histoire et impacts économiques et sociaux des innovations.

La série *Cours Principaux* comprend des ouvrages simples, fondamentaux et/ou spécialisés qui s'adressent aux étudiants en licence et en master en économie, sociologie, droit, et gestion. Son principe de base est l'application du vieil adage chinois : « le plus long voyage commence par le premier pas ».

LA FINANCE
CONTRE LE DÉRÈGLEMENT CLIMATIQUE

5-7, rue de l'École-Polytechnique, 75005 Paris

http://www.editions-harmattan.fr

ISBN : 978-2-343-24942-1
EAN : 9782343249421

Timothée Garcenot

La finance contre le dérèglement climatique

Politiques monétaires et enjeux géopolitiques de la finance verte

Préface de Gianfranco Gianfrate

L'Harmattan

Quand le dérèglement climatique sera devenu un enjeu majeur
pour la stabilité du système financier,
il sera peut-être déjà trop tard.

Mark Carney, gouverneur de la Banque d'Angleterre,
2015

Préface

La finance est-elle un outil utile dans le cadre de la lutte contre le dérèglement climatique ? On sait, des estimations de nombreux experts, que l'atténuation des risques exige l'investissement de sommes vastement supérieures à celles actuellement mobilisées ; on sait aussi toute la difficulté des pays émergents à obtenir des financements durables, alors que ce sont eux qui vont être le plus frappés par les effets du changement climatique.

Le monde académique s'est penché sur la question de la finance écologique, ou « finance verte », à plusieurs titres. Comme objet d'étude économétrique, déjà : les obligations vertes permettent-elles une réduction de l'intensité carbone des industries qui les utilisent ? Comme objet d'étude géopolitique, aussi : comment la finance verte est-elle utilisée par des Etats pour se dégager un avantage comparatif dans le grand jeu des nations ? Peu avaient jusqu'ici, toutefois, cherché à combiner les deux approches pour offrir une vision synthétique des enjeux que soulève la finance verte.

Cet ouvrage, inspiré d'un mémoire de master que j'ai supervisé durant l'année 2020-2021 à l'EDHEC, offrira des éléments de réponse à toutes ces questions en même temps que des perspectives pour l'avenir. Je souhaite à tous les lecteurs une excellente lecture.

Gianfranco Gianfrate, professeur de finance
à l'EDHEC

Liste des acronymes

AMF : Autorité des Marchés Financiers

BAD : Banque Asiatique de Développement

BAfD : Banque Africaine de Développement

BD : Banque de développement

BM : Banque Mondiale

CEFC : Clean Energy Finance Corporation

EaP : Eastern Partnership

E-DSGE : Environmental Dynamic Stochastic General Equilibrium

ESG : Environmental, Social and Corporate Governance

GBP : Green Bond Principles

GPERC : Greenwich Political Economy Research Centre

GCCA : Global Climate Change Alliance

ICMA : International Capital Market Association

OBOR : One Belt One Road

ONU : Organisation des Nations Unies

PROPER : Program for Pollution Control, Evaluation and Rating

QUANGO : Quasi Autonomous Non-Governmental Organization

UE : Union Européenne

UNEP: United Nations Environment Programme

Introduction

La Banque d'Angleterre est l'une des principales banques centrales de notre époque. Bénéficiant d'un magistère moral important – elle est l'une des plus vieilles du monde, ayant été fondée en 1694 – elle a souvent été, dans le domaine des idées, en avance de plusieurs décennies sur ses consœurs. Les discours de ses gouverneurs successifs ont, souvent, marqué l'histoire de l'économie monétaire. On peut se douter qu'en 2015, lorsque le gouverneur Mark Carney prononça un discours au siège historique de la banque Lloyd's, alors que l'Europe se remettait à peine d'une douloureuse crise de la dette publique, il savait que ses mots résonneraient bien au-delà des murs de la vieille institution londonienne.

Quel sujet allait être abordé par Carney, en ce jour nuageux de septembre ? Sur le papier, il avait été invité pour parler de la stabilité du système financier, encore ébranlé par la crise des *subprimes* ; dans les faits, il décida de traiter de la soutenabilité environnementale du système financier international et de l'écroulement qui l'attendait si rien n'était fait. Il fallait « briser […] la tragédie à l'horizon », ou bien alors, pour reprendre le mot de Keynes, sur le long terme, nous serions tous morts[1].

Dressant des parallèles entre le monde financier et la biosphère, le gouverneur plaida pendant de longues minutes, devant le sommet de la finance et de l'assurance londoniennes, pour l'implication des banques centrales dans le verdissement de leurs politiques, et des acteurs privés dans les marchés sur lesquels ils opèrent. Carney était à peu près le seul à tenir ce discours à son époque. Il fut rapidement sorti de sa solitude, parce que son apologie eut exactement l'effet espéré : le monde financier reçut sa mise en garde, et se mit en branle pour en tirer des conséquences. Très exactement trois ans plus tard, en septembre 2018, la plus grande banque de développement du monde, la Banque asiatique de développement (BAD), tira la sonnette d'alarme et dressa un même parallèle entre les marchés

---

[1] Carney, M. (2015), "Breaking the Tragedy of the Horizon – climate change and financial stability", discours au siège de Lloyd's

financiers et l'environnement. Dans un rapport intitulé « Central Banking, Climate Change and Green Finance », les experts de cette grande institution, qui rassemble certains des meilleurs économistes d'Asie, synthétisèrent tous les enjeux économiques du changement climatique : pauvreté et inégalités accrues, déplacements de population et hausse des violences, chômage et famines, *etc.*[2] Le tableau qu'ils dépeignaient était bien sombre, et l'opération aurait pu sembler peu charitable. Mais, bons seigneurs, ces auteurs firent un pas de plus que Carney et proposèrent une sortie par le haut : la mise en place d'un véritable « système financier vert ».

Un tel système, selon eux, serait tout à la fois écologique et capitaliste. La proposition avait de quoi hérisser le poil de ceux qui considèrent le capitalisme comme la machine infernale responsable de tous les maux dont souffrent nos concitoyens de la race humaine. Mais les auteurs, plutôt que de se perdre dans des argumentations spéculatives, allèrent droit à l'essentiel en rappelant que l'économie capitaliste mixte, lorsqu'elle est intelligemment régulée, est productrice d'efficacité dans le cadre qui lui est donné ; il n'appartient qu'aux législateurs de créer les conditions d'un système financier soutenable pour tirer le meilleur de ce grand automate. Fondamentalement, écrivirent-ils, les entreprises polluantes ne peuvent polluer que parce qu'elles disposent d'entrées régulières de capitaux ; or, les entreprises proposant des solutions alternatives et moins polluantes ne font pas le poids parce qu'elles manquent de capitaux ; donc, sauver la planète passe par une redéfinition du système financier international afin de favoriser le transit de fonds de leurs détenteurs jusqu'à des entreprises non-polluantes ou peu polluantes, ainsi que par un financement accru de l'innovation.

Ce changement radical devra passer, soutinrent-ils, par des réformes profondes, incrémentales, et, parfois, sinueuses. Ils proposèrent une ébauche de réformes légales et réglementaires, et soulignèrent le rôle que les banques centrales pourraient jouer dès que leur rôle serait redéfini afin d'endosser une mission de lutte contre le changement climatique *via* des politiques

[2] Dikau, S. and Volz, U. (2018), "Central banking, climate change and green finance", *Asian Development Bank Papers*

monétaires adaptées. Tout en admettant les effets pervers des interventions intempestives des banques centrales dans le système financier international, l'équipe d'économistes maintenait une position ferme : leur implication était, en l'absence d'une autorégulation vertueuse, « la meilleure solution au problème de l'imperfection des marchés ».

Ces deux sorties, faites à trois ans d'écart par deux acteurs importants de l'économie internationale, ont témoigné de la reconnaissance que le concept de « finance verte » avait obtenue. L'idée d'une finance subordonnée à des exigences environnementales était perçue, dans les années 1980, comme un objet académique non-identifié ; ce n'était plus le cas dans les années 2010. Cela traduisait un tournant à la fois dans le monde académique et dans le monde financier, car les acteurs économiques avaient commencé à percevoir l'enjeu environnemental comme une opportunité pour l'avenir.

Le rapport de l'Asian Development Bank n'était toutefois pas plus angélique que le discours de Carney. Il énumérait tous les obstacles que les pays devraient surmonter pour limiter le réchauffement de la planète à des températures acceptables par l'être humain. La constatation principale, qui résumait toutes les autres, était que les marchés financiers, n'étant pas parfaits, faillaient en n'ajustant pas l'offre et la demande de fonds d'une telle manière qui fût bénéfique pour la société toute entière[3]. Alors que l'on espérait depuis Adam Smith que l'ordre spontané de la confrontation des offreurs et des demandeurs élimine automatiquement les projets d'investissement les plus néfastes pour la collectivité, rien de tel ne semblait se produire dans le domaine de l'environnement. Cette constatation vaut toujours aujourd'hui ; lorsque seul le profit compte, l'environnement n'a pas beaucoup d'arguments pour lui.

---

3 Une défaillance de marché est une situation où les mécanismes de marché (échanges librement consentis entre agents économiques offreurs et demandeurs) ne permettent pas d'atteindre la meilleure allocation des ressources possible pour la société. Cela arrive dans quelques cas (sélection adverse, aléa moral, monopole, externalités, ...). Nous y reviendrons plus loin.

Pourquoi le vol d'une propriété privée scandalise-t-il, quand la destruction de l'environnement n'émeut pas ou peu ? L'une comme l'autre est un patrimoine ; mais la propriété est individuelle, alors que les beaux reliefs des Alpes, eux, appartiennent à tout le monde. Or, le *zeitgeist* contemporain semble croire que ce qui est à tout le monde n'est à personne, là où l'on pourrait soutenir qu'au contraire, ce qui est à tous est à chacun. Sans la prise de conscience de ce que la nature est un patrimoine commun et indépassable, difficile de faire prendre conscience du caractère scandaleux de sa destruction. Or, sans scandale, il est difficile de faire changer les mentalités, et, donc, d'orienter les investissements en vue de la préservation de ces biens communs.

Un bien peut donc faire l'objet de destructions du fait qu'il n'appartient à personne, alors qu'il est précieux pour tous. Une telle situation a été décrite par l'économiste et politiste Elinor Ostrom, récipiendaire du prix Nobel d'économie (2009)[4]. Dans un livre devenu célèbre, largement étudié en science politique et en économie aujourd'hui, elle décrit une situation hypothétique où des agents économiques ont librement accès à une ressource naturelle commune. Il est impossible d'interdire l'accès à cette ressource, et difficile de réguler sa quantité. Comme Garrett Hardin avant elle, Ostrom déduit que cette ressource sera tellement utilisée qu'elle se retrouvera épuisée en très peu de temps : l'absence de mécanisme régulatoire conduit à la surutilisation ; l'absence de titre de propriété interdit son *management*. Ce genre de phénomène relève de ce qu'on appelle la « tragédie des biens communs ». Ces biens, dont on ne peut exclure personne de l'utilisation, dont l'utilisation par l'un réduit la quantité disponible pour les autres, et qui n'appartiennent à personne, sont condamnés à être détruits en l'absence de mécanismes sophistiqués de partage et d'allocation. Or, si le puits du village peut être pris en charge par le bourgmestre, en

---

[4] Remarquons que l'expression « prix Nobel d'économie », fausse, n'est un raccourci – utile – pour désigner le prix d'économie de la Banque de Suède. M. Nobel n'a pas créé de prix d'économie. Peut-être pour la même raison pour laquelle il n'a pas créé de prix de mathématiques ?

l'absence de gouvernement mondial, la nature n'a pas de protecteur[5].

Mais s'il n'y avait pas de gouvernement mondial, n'y a-t-il pas, à défaut, une *gouvernance* mondiale ? L'Organisation des nations unies (ONU) n'est certes pas le gouvernement mondial harmonieux proposé par Emmanuel Kant. Il n'en reste pas moins que l'organisation dispose d'organes de gouvernance permettant une coordination d'efforts transnationaux. On peut aussi remarquer l'influence que peuvent avoir des associations libres d'Etats, tels que les « G » (Groupe des 7 ou des 8, Groupe des 20, *etc.*) dans le domaine économique, ou les organisations de coalition (OTAN ou AUKUS aujourd'hui, OTASE et pacte de Bagdad en leur temps…) dans le domaine militaire. C'est sans mentionner les organes privés qui réunissent autour d'eux un nombre extraordinaire de gouvernements, tels que le forum de Davos.

En 2015, le G20 a reconnu pour la première fois les risques posés par le changement climatique pour le système financier. Cette rencontre réunit un ensemble de pays qui représente 90% du PIB mondial et 80% du commerce international, ainsi que près de la moitié des terres du globe ; une telle déclaration ne pouvait que faire réagir les observateurs et les investisseurs. Elle traduisait une prise de conscience du lien insécable entre l'environnement et la finance. En fin d'année, l'accord mondial signé à la fin de la COP21 à Paris affirmait de manière explicite que la finance verte était incontournable dans la lutte contre le réchauffement climatique, signe que le sujet devenait reconnu et accepté.

Le texte final de ce sommet, obtenu après des dizaines d'heures de négociations, stipulait que « rend[re] les flux financiers compatibles avec un profil d'évolution vers un développement à faible émission de gaz à effet de serre et résilient aux changements climatiques » était une nécessité absolue, tant pour les pays développés que pour les pays en développement. Il s'agissait là d'une étape dans la lutte contre le

---

5 Hardin, G. (1998), "Extensions of 'The tragedy of the commons'". *Science*, Vol. 280

changement climatique du fait du rôle, essentiel, joué par les marchés financiers dans la mise à disposition de capitaux aux acteurs qui en ont besoin pour financer leurs activités. L'idée sous-jacente est que les Etats, dont les budgets sont contraints par des restrictions dues à la finitude de leurs ressources et à leurs niveaux déjà élevés de dette publique, ne pourront porter seuls et à bout de bras la transition environnementale ; les marchés financiers doivent agir en complémentarité comme une force positive pour contrebalancer les effets négatifs des flux financiers « bruns », c'est-à-dire polluants[6].

Cette volonté nouvelle de guider les flux financiers dans un but de préservation de l'environnement et de créer des règlementations écologiques internationales n'est pas issue de rien. Le récent braquage de projecteurs sur la finance verte est dû à des évolutions rapides dans la production académique de l'économie, et dans la pertinence croissante des recherches liant croissance économique, marchés financiers et préservation de l'environnement. Pendant des décennies, il a été courant de considérer que les acteurs financiers pouvaient se passer de considérations environnementales, et ne devaient orienter leurs investissement dans aucun une direction particulière – et surtout pas dans une direction qui ne fasse du profit le premier critère de la réussite de l'investissement. En 1968, le monétariste Milton Friedman soutenait que le profit était le seul et unique objectif de toute entreprise ; il faisait aussi remarquer qu' « il existe un large consensus sur les principaux objectifs de la politique économique : un taux d'emploi élevé, des prix stables et une croissance rapide »[7]. On aura beau passer en revue les grands textes économiques du XXème siècle, on peinera à trouver des « stars » de l'économie qui argumentent dans le sens de la mise en place de politiques publiques facilitant cette transition vers le vert, et

---

[6] Holroyd, A. (2020), *Choisir une finance verte au service de l'Accord de Paris Évaluation des meilleures pratiques en matière de finance verte et d'organisation des places financières dans l'Union européenne.* Paris : Documentation française

[7] Milton, F. (1968), "The Role of Monetary Policy". *The American Economic Review*, Vol. 58, no. 1

moins encore qui considèrent possible que les flux financiers soient subordonnés à une exigence de préservation de la biosphère. *Primum non nocere* était un impératif catégorique de la médecine, mais pas encore de la finance. Les temps changent.

Les conséquences du dérèglement climatique sur l'économie mondiale ont été pendant longtemps mal connues. Les rapports du GIEC, certes alarmants, et certes traitant des questions économiques, ne le faisaient pas de manière exclusive, ce qui diluait partiellement le message et le rendait moins lisible pour la population et les gouvernants. Il a aussi fallu du temps pour que les thématiques écologiques soient prises en main par des économistes, et que ces enseignements pénètrent les centres de formation des élites politiques. Peut-être, aussi, les esprits n'étaient-ils pas encore prêts. Ils le sont assurément devenus lorsqu'en 2006 le gouvernement du Royaume-Uni a demandé à l'économiste Nicholas Stern de rédiger un rapport, qui a rendu son auteur internationalement célèbre, sur les liens entre l'économie et le dérèglement climatique. Les conclusions étaient sans appel : sans proactivité de la part des autorités, l'économie mondiale perdrait entre 5% et 20% de son PIB sur le long terme[8]. Cette prédiction, mise à jour à de plusieurs reprises, a été confirmée. En juillet 2020, une nouvelle étude réalisée par la Direction générale du Trésor a estimé, à l'aide d'un modèle informatique prenant en compte des variables économiques et écologiques[9], que la relation négative entre l'augmentation de la température et la croissance économique était plus forte encore qu'auparavant. Si la température mondiale augmentait de 6°C par rapport à la période de référence préindustrielle, le PIB de long

---

[8] Stern, N.H. (Ed), (2006), *The economics of climate change*, Cambridge: Cambridge University Press

[9] Il s'agit du modèle dynamique intégré climat-économie (DICE), mis au point dans les années 1990 par le lauréat du prix de la Banque de Suède (2018) William Nordhaus. Il est utilisé par les grandes agences étatiques chargées de faire des prédictions testant les relations entre des variables telles que « les émissions de CO2, le cycle du carbone, le changement climatique, les dommages climatiques et les politiques climatiques » (Nordhaus, 2007)

terme pourrait baisser jusqu'à 50%[10]. Le problème est d'autant plus aigu que les pays qui vont être le plus durement touchés sont les moins développés, c'est-à-dire les plus pauvres, et qui, par conséquent, ont le moins de moyens financiers pour lutter. Définir clairement ces pays s'avère complexe, car il n'existe pas de critère unique permettant de fixer le seuil du sous-développement. L'ONU reconnaît qu'il n'existe « aucune convention établie pour la désignation des pays ou zones "en développement", "en transition" et "développés" »[11] ; néanmoins, les experts de l'organisation et de la Banque mondiale s'accordent sur quelques critères à utiliser : indice de développement humain (IDH), espérance de vie, PIB par habitant, *etc*. Un classement des pays sur la base de ces critères révèle que les pays les moins développés sont ceux qui seront les plus touchés par le changement climatique, *via* une augmentation des sécheresses et des intempéries, ainsi qu'une baisse des récoltes ; or, ce sont aussi les pays qui disposent des secteurs bancaires et financiers les plus faibles et les moins stables du monde. Cela requiert donc de la part des autorités publiques, Etats comme banques centrales, des politiques décidées et décisives s'appuyant sur toutes les marges de manœuvre raisonnables.

Notre thèse est que les pays en développement doivent réagir avec vigueur face au réchauffement climatique en structurant leurs marchés financiers et en créant les conditions nécessaires à leur épanouissement ; aussi, que les banques centrales sont des acteurs décisifs appelés à jouer un rôle actif dans le développement et l'utilisation des outils financiers « verts ». Nous soutenons enfin que la finance verte est déjà devenue un enjeu géopolitique bien compris par les grandes puissances, et qu'il sera un terrain de jeux de pouvoir dans les décennies à venir.

Les recherches en finance abordant la finance verte sont

---

[10] Carantino, B., Lancesseur, N., Nakaa, M., Valdenaire, M., "Effets économiques du changement climatique". Paris: *Trésor-éco*, n°262

[11] UNCTAD 2020 e-Handbook of Statistics <https://stats.unctad.org/handbook/Annexes/Classifications.html>

somme toute relativement peu communes. Leur rareté, toutefois, va décroissant, car ces dernières années ont vu une augmentation nette de l'intérêt porté par les économistes – et pas que les économistes de l'environnement – pour les possibilités offertes par un système financier vert. De fait, nous couvrirons principalement des recherches récentes, en les synthétisant dans l'objectif de montrer les dernières découvertes en date, dont certaines modifient du tout au tout la perspective des banquiers centraux sur leur rôle dans la lutte contre le réchauffement climatique. Nous prenons la mesure de ce que le caractère récent de ces recherches rend leurs résultats et conclusions incertains, et que la vitesse à laquelle la littérature grise dans ce domaine croît aujourd'hui rendra nécessairement caducs demain les travaux d'hier.

La récence de ce champ d'études est telle, à vrai dire, que les concepts ne sont pas encore tous fixés. La définition même de la finance verte n'est, comme c'est souvent le cas avec les nouveaux concepts, pas tout à fait claire. Elle a longtemps été assimilée à ce qu'on appelait le « crédit vert », c'est-à-dire le fait que les banques accordent des crédits prioritairement à des entreprises qui souhaitent financer des projets « verts », liés à des énergies moins polluantes. En réalité, ces deux concepts sont différents, quoiqu'ils s'imbriquent inévitablement. Les crédits verts ne peuvent être compris que lorsqu'ils sont pris dans un tout plus large, qu'on appelle le « *green banking* », à savoir la prise de conscience par les banques de leur rôle dans la lutte contre le dérèglement climatique, qui les incite à prendre en compte le critère environnemental dans leurs activités quotidiennes (création de crédits verts, investissements de portefeuille dans des actifs financiers verts, *etc.*)[12] Parce que les banques sont des acteurs majeurs du monde financier, elles peuvent contribuer à la « finance verte », qui recouvre une réalité plus large : il s'agit de l'orientation des flux financiers nationaux et internationaux vers des investissements « verts » dans un système dont les règles favorisent cette orientation. La finance verte peut prendre la

[12] Bahl, S. (2012). "Green banking-The new strategic imperative". *Asian Journal of Research in Business Economics and Management*, 2(2)

forme d'investissements verts, d'obligations vertes (les *green bonds*), ou encore d'actions vertes ; les secteurs de l'assurance, des *venture capitalists* ou des fonds souverains y peuvent être des acteurs ; le secteur public comme privé y ont leur place. La finance verte est, plus largement, un système composé de règles, de normes et de mécanismes qui facilitent l'adéquation entre les besoins en capitaux des projets verts et les capitaux disponibles.

L'un des aspects essentiels de la finance verte est sa téléologie. Elle peut se définir à la fois comme des mécanismes et processus qui facilitent l'acheminement de capitaux vers des projets écologiquement responsables (explication fonctionnaliste), ou bien elle peut se définir par sa visée (son *telos*), c'est-à-dire ce qu'elle cherche à accomplir : faire du monde financier un acteur direct ou indirect de la lutte contre le dérèglement climatique[13]. Cette double définition est à l'origine de confusions car elle désigne à la fois ce que la chose est et ce qu'elle cherche à être. Nous verrons que, parfois, le fait et la visée ne coïncident pas.

On peut aussi remarquer que la finance verte, si elle fait plus fréquemment l'objet de couverture médiatique qu'il y a vingt ans, reste en grande partie inconnue du grand public. Elle se développe pourtant à rythme rapide. A titre d'exemple, les prêts durables (*sustainable loans*) émis au cours du premier semestre 2018 ont représenté le double des émissions de 2017 (de 8,5md$ à 17md$) ; le total des émissions d'obligations vertes a dépassé les 500md$ en novembre de la même année. Le rapport d'étape 2018 sur la finance durable de l'ONU a noté que « les données récentes en provenance des États-Unis soulignent qu'environ un dollar sur quatre des 46 600 milliards de dollars d'actifs institutionnels gérés par des professionnels aux États-Unis est géré selon une stratégie durable ou responsable »[14]. En 2020, les

[13] Zhang, D., Zhang, Z. and Managi, S. (2019). "A bibliometric analysis on green finance: Current status, development, and future directions", *Finance Research Letters*, 29

[14] UN Environment, (2019). "Sustainable finance - Progress Report"

obligations vertes ont atteint les 1 000 milliards de dollars, soit environ 1% du marché obligataire mondial[15].

Et les banques centrales, dans tout ça ? Le premier rapport d'importance sur la manière dont les banques centrales pourraient utiliser leurs outils pour stimuler la finance verte a été publié par l'OCDE en 2016. Le domaine était alors en grande partie une *terra incognita* ; comme souvent, les grandes institutions internationales indépendantes sont pionnières dans la production d'idées innovantes. Les auteurs ont pu émettre des propositions de manière libre, notant tout de même dans leur introduction qu'« étant donné qu'il y a très peu de connaissances et d'expérience pratique au niveau des banques centrales » sur le sujet, en particulier dans les pays en développement, toute proposition visant à faire s'impliquer les banques centrales dans la finance verte serait nécessairement expérimentale et incertaine[16]. C'est précisément à cela que nous allons nous atteler.

---

[15] Jones, L. (2020), "$1Trillion Mark Reached in Global Cumulative Green Issuance: Climate Bonds Data Intelligence Reports: Latest Figures". Site internet du Climate Bonds Initiative < https://www.climatebonds.net/2020/12/1trillion-mark-reached-global-cumulative-green-issuance-climate-bonds-data-intelligence >

[16] OECD, "Finance and investment in green economy", Blog de l'OCDE <https://www.oecd.org/environment/outreach/finance-and-investment-green-economy.html>

Chapitre 1.
Les débuts de la finance verte dans les pays en développement : taxonomies incertaines et luttes définitionnelles

L'histoire de la finance est un champ spécifique de l'historiographie de l'économie. Sa longue et sinueuse évolution recoupe tout autant l'enrichissement extraordinaire et l'élévation fantastique du niveau de vie qu'elle a permis, que les tentatives de réformes structurelles plus ou moins réussies dans certains pays en développement. Il ne s'agira pas, ici, de traiter de l'histoire de la finance en tant que telle, mais de prendre le train en marche pour comprendre comment la finance verte n'en est aujourd'hui qu'à ses débuts.
Rappelons simplement que si les marchés financiers ont connu un apogée au début du XXème siècle[17], les guerres mondiales ont permis une prise de conscience de la nécessité de sa régulation. Le système de Bretton Woods, décidé en 1944, n'a pas su tenir toutes ses promesses et s'adapter aux évolutions des marchés financiers ; l'écroulement de ce système *de facto* en août 1971, puis *de jure* en 1976 par les accords de la Jamaïque, ont libéré les énergies financières et ont permis une nouvelle phase de croissance à partir des années 1980. Les pays en voie de développement, qui souffraient historiquement de leur position périphérique sur le grand échiquier financier international, sont entrés de plein pied dans le système financier dans ces années-là, parfois à marche forcée, et rarement avec une stratégie claire. Cela les a conduits, pour beaucoup, à un enchaînement de crises (financières, bancaires, de change), puis à une nouvelle phase de consolidation dans les années 2000.

Le développement de la finance dans les pays émergents est toutefois loin d'être terminé, et cela parce que, non seulement la finance est évolutive et dynamique (des innovations financières

---

[17] Avec des taux d'intégration économique supérieurs à ceux que l'on a retrouvé tout au long du deuxième XXème siècle.

ne cessent d'en rebattre les cartes), mais, en plus, parce que de nombreux pays parmi les plus pauvres n'ont toujours pas de véritable accès aux marchés financiers. Il demeure difficile de se porter acquéreur de certains types d'actifs dans des pays dont les centres financiers sont embryonnaires ou si peu informatisés qu'il devient nécessaire de passer par des agences spécialisées pour effectuer des placements. Ce faible niveau de financiarisation est problématique à double titre : il empêche ces pays de bénéficier d'investissements (ils doivent dès lors se reposer sur l'aide internationale et les rentes), alors que l'on sait que, jusqu'à un certain point au moins, la finance est bénéfique à une économie ; et parce que sans marché financier, il est difficile de permettre des investissements verts. La faiblesse ou l'absence de marchés financiers est aujourd'hui un récif sur lequel les vagues du verdissement financier viennent se briser dans nombre de pays reculés.

On ne s'étonnera donc pas que la finance verte se soit d'abord développée dans les pays riches, dont les systèmes financiers sont autrement plus élaborés, et, ensuite, dans les pays émergents qui avaient préalablement entrepris de renforcer leur système financier et bancaire. Ces pays-là sont souvent ceux où la banque centrale est la plus active – on en tirera, plus loin, des conclusions. Seulement, pays riches comme pays pauvres doivent affronter le même défi premier, qui est celui de la définition pratique et applicable de ce qui est « vert ». Un système financier se verdit lorsqu'on y échange des actifs financiers (actions et obligations, principalement) verts, que du crédit vert est créé par les banques, et ainsi de suite ; mais quels critères faut-il remplir pour qu'un investissement soit effectivement vert et reconnu comme tel ? Quelles cases cocher ? Les intérêts privés et publics s'opposent ainsi, parfois se complémentent, et de véritables guerres définitionnelles sont menées vis-à-vis des régulateurs dans la lutte pour la création de taxonomies vertes.

1.1 La lente émergence d'un embryon instable de finance verte

Tous les nouveaux paradigmes économiques sont nés dans les universités. Le keynésianisme, de Cambridge ; la synthèse néoclassique, d'Harvard et du MIT ; le monétarisme, de Chicago, *etc.* Or, les chercheurs ont mis du temps pour s'attacher à étudier de manière descriptive et normative la finance verte, l'abandonnant à des définitions pratiques, mais incomplètes, écrites par les acteurs financiers eux-mêmes. Les programmes de recherche dédiés à la finance verte sont apparus à la fin des années 2000, stimulés par les premières expériences concrètes qui ont été menées dans le domaine de la finance verte à cette époque.

1.1.1 Les premiers programmes dédiés à la finance verte et la recherche académique

L'Occident est, aujourd'hui, le principal poumon de la recherche internationale. Les dépenses d'instruction et de recherche y sont les plus élevées. La Chine s'affirme à peine comme un géant de la recherche, et a besoin de partenariats avec les grandes universités américaines et européennes pour stimuler sa propre production. La recherche en économie suit exactement ce modèle, étant menée pour la plus grande partie aux Etats-Unis, qui absorbent les meilleurs chercheurs, en Europe occidentale, et dans un triangle Pékin – Séoul – Tokyo en Asie.

Du fait de l'avance prise par leurs pays, les chercheurs Occidentaux ont été parmi les premiers à aborder les questions liées à l'économie de l'environnement. Les articles sur l'« économie verte » fleurissent dans les années 1990, et traitent abondamment des pays en voie de développement ; or, du fait du retard pris dans les investissements dans la recherche, ces pays en voie de développement ont relativement peu de chercheurs. Ceux qui sont en effet issus des pays les plus pauvres ont eu tendance à rejoindre les grandes universités internationales et à y rester. Ce phénomène a pour conséquence une absence de synergies entre les universités des pays émergents et leurs décideurs publics – ils ne peuvent faire pression sur eux et publiciser leurs thèmes de recherche de manière efficace, retardant effectivement la prise de conscience et la mise en application de plans de lutte contre le réchauffement climatique.

Ainsi, lorsque le gouverneur de la banque centrale du Malawi, en 2003, exhorte les banques centrales des pays en développement à faire davantage de recherche sur les applications environnementales de la finance, et à faire de la croissance durable l'une de leurs priorités, il est incontestablement en avance de plus d'une dizaine d'années sur ses collègues. Dans son discours intitulé « L'importance de la modernisation du système financier en Afrique », le gouverneur mettait l'accent sur le lien entre la finance et les questions environnementales, affirmant que seule une utilisation vertueuse du capital permettrait de créer une croissance économique durable pour le continent africain. Pionnier, il faisait valoir que :

> « D'un point de vue macroéconomique, les banques centrales devraient se concentrer sur les politiques qui favorisent la stabilité financière, c'est-à-dire celles qui visent à contenir autant que possible les fluctuations de l'activité économique globale, *à promouvoir une croissance durable*[18] et à éviter l'incertitude économique[19] »

Cette prise de conscience du lien entre la finance et les questions écologiques, et l'implication précoce du pays dans la finance verte, est à plus forte raison étonnante que le pays était à cette époque, comme aujourd'hui, victime d'une fuite des cerveaux, et que son secteur académique n'était pas encore très bien structuré. La situation du Malawi, toutefois, fait comprendre le caractère précoce de la prise de conscience par certains acteurs politiques des enjeux climatiques. Ce petit pays, coincé entre des voisins encombrants et privé d'un accès à la mer[20], était à l'époque déjà confronté à un certain nombre de défis d'ampleur,

---

[18] Nous soulignons.

[19] Ngalande, E. (2003), "The importance of financial system modernisation in Africa", discours à la Perago User Group Conference, Johannesburg

[20] Mais disposant d'un accès, salvateur, au lac Malawi.

comme une forte dépendance à l'égard de l'agriculture pluviale et des taux élevés de malnutrition[21]. Comme nous le verrons plus tard, la perception des risques liés au climat est un bon indicateur de l'implication des pays en développement dans les programmes liés au financement vert : les pays qui ont fait l'expérience directe des conséquences violentes du changement climatique ont généralement mis en œuvre des politiques pour s'attaquer au problème plus tôt que les pays qui n'en ont pas été victimes.

La stimulation de la recherche sur la finance verte pouvait-elle venir des banques centrales ? Ces acteurs sont souvent, dans les pays émergents les plus avancés, incontournables. Néanmoins, les banques centrales des pays en développement (de même que des pays développés), sont restées pour la plupart silencieuses sur le sujet de la finance verte au cours des années 2000. Peu d'articles importants ont été publiés jusqu'au début des années 2010, années charnières où le thème a commencé à apparaître de plus en plus régulièrement dans l'agenda économique des banques centrales, des banques de développement et des institutions internationales. Ces acteurs ont commencé à mentionner et à reconnaître le sujet alors que les articles de recherche sur le sujet se multipliaient, par un effet d'entraînement mutuel. En 2011, les Nations unies publiaient par exemple un document sur la finance verte dans la région arabe, dans lequel elles plaidaient en faveur d'investissements lourds dans les infrastructures vertes et de la création de nouvelles réglementations qui inciteraient les acteurs financiers et bancaires à investir dans des projets verts. Le document remarquait que malgré l'essor de la recherche sur le sujet, il demeurait un manque frappant d'actifs « verts » sur les marchés, probablement en raison de l'absence d'une typologie stable. Elle concluait, pessimiste, que la finance verte n'était pas encore assez reconnue dans de nombreuses régions du monde, et notamment

---

[21] Collectif, "HIV/AIDS, Climate Change and Disaster Management: Challenges for Institutions in Malawi" (2008), *World Bank Publications*

au Moyen-Orient :

> « Dans la région arabe, il y a très peu de financement "vert" pour les investissements de petite ou moyenne taille. Cela résulte d'un manque de sensibilisation au concept de financement vert et conduit à une demande limitée de ce produit par les clients potentiels et, d'autre part, à l'intérêt limité des banques pour la question du risque[22] »

La seule publication de ce rapport, toutefois, était assez pour donner à la finance verte et aux investissements verts une certaine crédibilité à l'international. Sa simple existence témoignait aussi de ce que le sujet gagnait du terrain dans les pays occidentaux comme non occidentaux. Mais, peut-être parce que le sujet était récent, le rapport se contentait de recommander aux ministères de l'Economie des pays de la région de jouer un rôle dans l'élaboration de cadres et de politiques financières vertes. Il ne tenait pas compte du potentiel des banques centrales, comme si le sujet était tabou ou manquait d'évidence. Cela peut s'expliquer par la prise en compte, par l'ONU, de la relation entre les banques centrales et les gouvernements dans les pays arabes. Comme l'a analysé le FMI dans un rapport de 2013, les gouvernements autocratiques ont tendance à avoir une conception néopatrimoniale de l'État, et ainsi considèrent les banques centrales comme une simple excroissance de leur tout-puissant ministère des Finances[23]. Cela les conduit à concentrer tous les pouvoirs économiques dans une poignée de ministères qui ont la confiance du Prince, au détriment de la banque centrale, reléguée au rôle d'exécutant du gouvernement.

Des évolutions similaires se sont produites de manière concomitante sur le continent africain. La plus importante banque de développement d'Afrique, la Banque africaine de

---

[22] Collectif, "Green Financing for the Arab Region" (2011), *United Nations Economic and Social Commission for Western Asia Papers*

[23] Gray, S., Karam, P., Meeyam, V., Stubbe, M. (2013), "Monetary issues in the Middle East and North Africa Region - A Policy Implementation Handbook for Central Bankers", *IMF Reports*

développement (ci-après, BAfD), a commencé à couvrir le sujet et à rédiger des recherches approfondies sur la finance verte à la fin des années 2000 et au début des années 2010. Afin de rendre ces recherches possibles, sa première démarche fut de commencer à collecter et à agréger des données. Il eut été sans cela impossible de tirer des conclusions d'une quelconque manière que ce soit ; or, l'objectif était bien de créer de la connaissance sur laquelle pourraient se reposer les décideurs publics pour stimuler la finance verte dans leur pays et aider le continent à surmonter les défis auxquels il était confronté.

La BAfD a ainsi publié en 2011 l'un de ses rapports essentiels, « Le coût de l'adaptation au changement climatique en Afrique », sur la base des données qu'elle avait extraites les années précédentes. Le rapport arrivait à la conclusion que le financement des projets « verts » (ceux considérés comme ayant un impact écologique positif et servant à atténuer les risques du dérèglement climatique) nécessiterait des investissements plus importants que ce que l'Afrique recevait à ce moment-là. Il allait jusqu'à considérer que les outils habituels des politiques d'attractivité de capitaux, qui étaient utilisés jusqu'alors par les pays les plus entreprenants, ne seraient pas suffisants pour transformer le système financier. Le rapport estimait que le continent aurait besoin de 20md$ à 30md$/an au cours des vingt prochaines années pour être à la hauteur du défi posé par le changement climatique. Bien sûr, il ne pouvait que remarquer que le secteur financier des pays africains, même celui des plus riches, ne serait pas en mesure de fournir seul les capitaux nécessaires[24].

La conclusion de la BAfD n'était en rien choquante. Elle était historique car il s'agissait du premier grand document africain qui traitait du sujet et annonçait clairement l'impasse dans laquelle le continent allait se trouver. Nonobstant cela, ses conclusions étaient extrêmement similaires à celles de la Banque mondiale dans un rapport qu'elle avait publié l'année précédente, « Africa's Infrastructure : A Time for Transformation ». L'Afrique, établissait-il, n'aurait pas la capacité de répondre aux

[24] Collectif (2011), "The Cost of Adaptation to Climate Change in Africa", *African Development Bank Reports*

besoins de financement de la modernisation de ses infrastructures par elle-même, et elle aurait besoin de capitaux étrangers, verdis par un processus encore indéfini, pour permettre une croissance durable[25]. Le tour de force de la BAfD a cependant été de considérer le thème de la finance verte non pas seulement à travers la question des infrastructures, mais d'une manière plus globale, holistique, à travers la question de l'appareil productif du pays. En substance, le rapport de la BAfD a implicitement annoncé que les plans visant à créer des infrastructures « vertes » n'étaient pas assez ambitieux, et que c'est à la vitesse supérieure, celle de la création d'une architecture financière pouvant accueillir des investissements verts, qu'il allait falloir se préparer. Remarquons toutefois que la Banque mondiale, contrairement à la BAfD, a parfaitement admis la nécessité de mesures de politique monétaire et de surveillance financière (rattachées aux banques centrales) pour rendre l'ensemble de l'économie moins polluante. Seul problème : les banques centrales n'étaient pas nommées, peut-être pour éviter de briser ce qui était alors un tabou.

Ces études n'étaient pas isolées, mais s'inscrivaient dans une tendance plus générale de la communauté internationale. Elle a commencé dans les années 2000 à accorder de l'attention aux besoins de financement des pays en développement pour atteindre la neutralité carbone et contrer le réchauffement climatique. Cela s'est traduit par la création d'une ONG mondiale, la Climate Policy Initiative, en 2009. Centrée sur les interrelations entre économie et écologie, elle a publié de nombreux rapports dans les années 2010, dont certains abordent le sujet de la finance verte. L'un de leurs principaux rapports a été rédigé en 2011 et était intitulé « The Global Landscape of Climate Finance ». La véritable contribution de l'article est une double démonstration. *Primo* : les canaux qui véhiculent les flux de capitaux verts des épargnants et investisseurs vers les projets qui en ont besoin existent déjà. *Secundo* : les canaux existants aujourd'hui sont principalement orientés vers l'atténuation des

---

[25] Foster, V., Briceno-Garmendia, C. (2010), *Africa's Infrastructure: A Time for Transformation, World Bank Publications*

risques et non vers l'adaptation des systèmes de production. Or, si l'atténuation est une démarche nécessaire, la situation est telle que c'est l'adaptation et la transition vers la neutralité carbone qui devraient être privilégiées[26].

Les auteurs de l'article ont également été parmi les premiers à créer un graphique représentant l'architecture financière liée aux flux financiers verts qui existait alors. Les banques centrales n'apparaissent pas dessus, en témoignage du peu de cas dont en faisaient les économistes à l'époque. Le graphique était très précis, clair, et ainsi le document a été remarqué lors de sa sortie pour avoir souligné la variété des acteurs, institutionnels et non institutionnels, qui allaient être impliqués dans le processus de financement de la finance verte. Certes, les banques centrales n'apparaissaient pas sur le schéma, mais on pouvait lire la possibilité de leur action entre les lignes du document. Par ailleurs, l'étude faisait mention du rôle important que pourront jouer les banques de développement, ces institutions bancaires dont la mission est de financer des initiatives de développement économique et humain dans des territoires pauvres.

L'article détaillait les réseaux dans lesquels les banques de développement sont intégrées et la manière dont elles peuvent recevoir des fonds, en notant que les banques centrales pourraient être actives dans l'alimentation des banques de développement et des banques multilatérales de développement :

> « L'argent qui circule vers les BMD comprend (1) le produit des principaux programmes d'emprunt, (2) le revenu brut des prêts, des investissements et des participations, et (3) les contributions directes des pays donateurs à des programmes de décaissement spécifiques. Les fonds levés par les BMD sur les marchés des capitaux peuvent provenir d'un mélange d'investisseurs publics et privés (banques, entreprises, banques centrales [...] »

[26] Buchner, B., Herve-Mignucci, M., Trabacchi, C., Wilkinson, J., Stadelmann, M., Boyd, R., Mazza, F., Falconer, A. and Micale, V. (2014), "The Global Landscape of Climate Finance 2015", *Climate Policy Initiative*, 32-38

La plupart de ces articles, cependant, n'ont pas trouvé un écho dans le monde universitaire. Les premières recherches d'importance internationale et remarquées comme telle ont donc été menées par des institutions établies, comme l'OCDE. Ces papiers, pour beaucoup d'entre eux, se concentraient sur les pays européens les plus pauvres, c'est-à-dire les pays d'Europe de l'Est et ceux des Balkans. Par exemple, l'OCDE a lancé des programmes de recherche sur la manière dont l'UE pourrait contribuer à stimuler le financement de projets verts dans les Etats que l'on considérait alors comme faisant partie du « Eastern Partnership » (« partenariat oriental »). Ce partenariat était à l'époque une politique de l'UE qui visait à aider les pays périphériques à l'Union et qui accusaient d'un retard de développement sur l'Europe de l'Ouest. On trouvait principalement des pays européens, ainsi que quelques-uns ayant des liens étroits avec l'Europe, et qui étaient engagés sur la voie d'un développement économique polluant ; la Biélorussie, la Géorgie, la Moldavie et l'Ukraine, mais aussi l'Arménie, en faisaient partie[27].

Ce partenariat faisait l'objet d'études annuelles. Le rapport 2016 de l'OCDE sur le partenariat oriental était particulièrement avancé pour l'époque, car il conceptualisait déjà la plupart des outils que les banques centrales pourraient utiliser pour promouvoir la finance verte. Ils ont été couverts par des recherches économiques plus classiques dans les années qui ont suivi ; le rapport avait alors environ deux ans d'avance.

Dès le début, il annonçait qu'il allait « analyser le rôle que les politiques monétaires et de la banque centrale peuvent jouer pour motiver les banques commerciales des pays de la région à augmenter leurs prêts pour les investissements verts », dressant immédiatement un lien entre la politique monétaire et les conditions d'allocation du crédit. Le rapport allait aussi en profondeur dans l'identification des tenants et aboutissants de l'impact de la politique monétaire sur la stimulation des actifs financiers verts. Tout ce que ce rapport a couvert allait devenir

[27] Korosteleva, E. (2016), *Eastern Partnership A New Opportunity for the Neighbours?*, Routledge

standard dans les recherches ultérieures sur les politiques vertes des banques centrales.

1.1.2 Premières expériences et premières politiques publiques

Le monde vestimentaire connaît des modes, et le monde académique aussi : des sujets qui étaient relativement périphériques peuvent devenir, en quelques années, un thème prometteur vers lequel orienter les jeunes chercheurs. La finance verte a elle-même connu une telle trajectoire, commençant dans les années 1990 comme un champ de recherche marginal, puis périphérique dans les années 2000, avant d'émerger comme un sujet sérieux et digne d'intérêt dans les années 2010. De fait, le développement de la finance verte a plus eu à voir avec les marchés financiers eux-mêmes, et les expérimentations financières qui y ont été menées, que dans la recherche économique pure. Certaines villes très en avance dans la lutte contre le réchauffement climatique, souvent des municipalités de pays riches qui se sentaient menacées par ledit changement, ont mené des expériences avec des actifs financiers « verts » dans les années 2000. C'est le cas de San Francisco, qui a émis ses premières obligations vertes en 2001.

Une obligation verte est, comme une obligation, un titre de créance. La personne qui achète une obligation prête son argent à l'émetteur, en échange de quoi ce dernier lui confère un titre de créance d'une valeur nominale égale. La seule différence entre une obligation classique et une obligation verte est que la première peut financer n'importe quelle dépense, là où l'obligation verte ne finance que des dépenses en lien avec la lutte contre le réchauffement climatique. En émettant des obligations vertes, la ville de la côte Ouest s'engageait à investir les fonds prêtés dans des projets visant à améliorer sa résilience.

On remarque toutefois, une fois de plus, que le coup d'envoi de la finance verte, ne serait-ce qu'au niveau local, a été donné par des entités issues du monde développé. Avec un PIB d'environ 300md$ en 2001, San Francisco était à elle seule au-dessus de Taïwan, de la Suisse, de la Suède et de la Belgique en termes de production intérieure brute. L'inauguration du marché mondial des obligations vertes ne pouvait aussi venir que de la part de grands acteurs internationaux – ce fut le cas, en 2007, par la Banque européenne d'investissement, qui émit des obligations vertes pour quelques millions d'euros. Bien qu'elle ait été notée triple A par Standard and Poor's, cette émission n'a pas eu de conséquences significatives dans le secteur financier. Les investisseurs et le marché obligataire n'ont commencé à réagir aux obligations vertes que lorsque la Banque mondiale émit en 2013 un milliard de dollars d'obligations vertes, et que ce milliard se vendit en quelques heures[28]. Entre l'émission de 2007 et celle de 2013, les pays en développement avaient eux-mêmes émis des obligations vertes, à une échelle moindre, et cela était passé largement inaperçu ; en d'autres termes, les pays en voie de développement ont pris le train en marche avec un certain retard et, surtout, des investissements de moindre ampleur.

L'Afrique avait émis ses premières obligations vertes en 2002, alors que le marché mondial ne pesait que 3md$[29]. Les pays émetteurs ayant à l'époque un savoir-faire limité en matière de finance, l'émission avait nécessité un soutien multilatéral étranger. Selon l'article « Why Africa needs green finance », qui propose une analyse de la base de données du Fonds pour le climat, les fonds climatiques africains ont investi 285M$/an en moyenne de 2002 à 2014, et 3 421,83M$ au total. Cela semble positif, mais l'article souligne que 97% des fonds investis provenaient de « ressources multilatérales », c'est-à-dire de prêts ou de dons réalisés par les pays riches aux pays pauvres. Cela signifie que les *green bonds* sont devenus une modalité d'aide financière aux pays pauvres – autrement dit, que ces pays ont toujours besoin d'une béquille pour financer des investissements essentiels. Un regard plus positif sur cette évolution consiste à considérer que la transformation de l'aide internationale en obligations vertes est peut-être le meilleur moyen d'aider ces

---

[28] Duru U., Nyong A., (2016), "Why Africa Needs Green Bonds", Africa Economic Brief, Vol. 7

[29] Collectif (2016), "Green Bonds a Low Carbon Economy Driver After COP21", Site internet de l'United Nations Climate Change <https://unfccc.int/news/green-bonds-a-low-carbon-economy-driver-after-cop21>

pays pauvres à lutter contre le réchauffement climatique. Dans tous les cas, cela ouvre une nouvelle perspective sur l'aide internationale qui, traditionnellement, était donnée par un pays à un autre par le biais d'une aide à projets.

Les pays en développement ont ressenti la nécessité de se lancer dans l'expérimentation des obligations vertes et des flux financiers verts, en raison des recherches sur le climat menées ces années-là et du degré de précision qu'elles atteignaient. Les articles universitaires étant de plus en plus formels dans leurs prédictions et les conséquences de l'inaction devenant visiblement de plus en plus tragiques, les gouvernements devaient trouver un moyen d'utiliser la finance verte à leur avantage. Certaines recherches scientifiques ont montré que le changement climatique allait particulièrement frapper les aliments de base, ceux qui permettent aux populations miséreuses de se nourrir à bas coût et de manière facile. En ce qu'elles deviendront plus difficiles à cultiver, surtout en Afrique et en Asie, les gouvernants prendront le risque de voir des famines se déclencher ou la sous-alimentation se généraliser, ce qui, en retour, réduira le capital humain de leur pays et le condamnera à la pauvreté. Certaines estimations font état d'une diminution de 13 % de la production de blé du fait du changement climatique, et d'une augmentation des prix de 75 % ; d'une diminution de 23 % pour le riz et d'une augmentation des prix de 89 % ; et d'une diminution de 12 % pour le maïs avec une augmentation des prix de 90 %. On peut imaginer les conséquences de tels phénomènes dans des pays où la majorité de la population gagne moins de 5$ par jour[30].

Le processus d'émission d'actifs verts à grande échelle et de financement de projets verts a pris du temps, et cela dans la mesure où le pays en question était peu inséré dans les flux financiers internationaux. La plus grande économie d'Afrique, le Nigeria, a inauguré son marché d'obligations vertes en décembre 2017 seulement. Ce retard s'explique par le temps nécessaire pour lancer une concertation public-privé sur le sujet de la

[30] Nguyen N.V., (2006), "Global climate changes and rice food security", *Food and Agriculture Organization Reports*

finance verte (deux ans), et pour créer, ensuite, un cadre nigérian définissant et typologisant les obligations vertes (deux années supplémentaires). Une pression politique s'est exercée sur le ministère de l'Economie afin que le cadre soit adapté de manière à inciter les investisseurs étrangers à investir dans le pays. La république a décidé de baser sa typologie financière verte sur les normes internationales en matière d'obligations vertes, les « Green Bond Principles ». Elle a ainsi créé huit catégories propres qui reflètent celles des GBP[31]. Cela apporte un confort supplémentaire aux investisseurs, qui peuvent investir en disposant de points de repères. En plus de cela, la banque centrale du Nigéria a joué un rôle important, car, en tant qu'autorité de régulation bancaire, elle était la seule institution à détenir l'autorité nécessaire pour imposer des principes bancaires verts obligatoires. Un intense lobbying l'a toutefois conduit à rendre leur mise en œuvre obligatoire… pour les banques volontaires[32].

D'autres pays ont été plus rapides à s'adapter et à créer un cadre pour émettre des actifs verts. Le concept de dépendance au sentier, qui est largement utilisé en science politique pour expliquer pourquoi les gouvernements ont tendance à continuer et perpétuer des politiques publiques décidées par leurs prédécesseurs, peut être utile ici à la compréhension du phénomène. Les pays qui disposaient préalablement d'un secteur financier organisé, ou dont les investisseurs avaient établi de bonnes relations avec l'autorité centrale et la banque centrale, ont été plus prompts à prendre le train de la finance verte. L'existence préalable de relations fortes et de confiance entre les acteurs, et la constitution de réseaux de coopération et d'échanges d'informations, facilitent le processus en créant une sorte d'inertie. Le gouvernement marocain, par exemple, a profité de l'existence de l'Association marocaine du marché des capitaux pour développer à travers elle la finance verte dans son pays. Ils sont convenus ensemble d'un cadre pour l'émission et la définition des obligations vertes, ainsi que de lignes directrices

---

[31] Human M., Hussain T. (2018), "Green finance in Africa", White & Case Publications

[32] Collectif (2020), "Country Profile: Nigeria", Sustainable Banking Network

qui ont favorisé l'émission de ces actifs financiers. Le pouvoir politique, se voulant résolument tourné vers la modernité, a rapidement compris que la finance verte pouvait être utilisée pour promouvoir l'un des objectifs politiques du Maroc, à savoir l'autonomie énergétique du pays – grâce à l'énergie solaire notamment. L'Agence marocaine de l'énergie solaire a émis les premières obligations vertes du royaume pour 115M$, avec une maturité de 18 ans, en novembre 2016[33]. Cette longue maturité est le signe de la confiance que lui accordaient déjà les marchés financiers ; les pays en voie de développement n'ont généralement accès qu'à des émissions de court terme ou de moyen terme (un à cinq ans). Le rapport annuel d'avancement 2019 du Sustainable Banking Network et de la Société financière internationale du Groupe Banque mondiale a donné au Maroc le score de 100% en termes de collaboration entre la puissance publique (gouvernement central et banque centrale) et les parties prenantes. Il notait que cette pré-configuration des réseaux financiers et bancaires avec le secteur public avait permis une mise en œuvre rapide des premières étapes du verdissement du secteur financier du pays. Seule une poignée de pays en développement, comme la Chine et l'Indonésie, avait fait mieux et plus rapidement à ce moment-là[34].

La même année que le Nigeria, l'autre grande économie africaine, l'Afrique du Sud, a reconfiguré son marché boursier et créé une taxonomie afin de poser les bases des développements futurs de la finance verte. Cette initiative visait à assurer à l'Afrique du Sud une avance sur son rival économique nigérian, et en faire un centre financier africain majeur dans les années à venir. L'objectif est, *a minima*, de retrouver la première place des pays les plus économiquement avancés de l'Afrique subsaharienne. Il est intéressant de remarquer qu'une fois de

---

[33] "Moroccan Agency of Sustainable Energy S.A. (MASEN)". Site internet du Climate Bonds Initiative < https://www.climatebonds.net/certification/masen >

[34] Collectif (2020), "Country Progress Report - Morocco", International Finance Corporation

plus, la méthode gagnante résida dans la coopération des autorités de la bourse de Johannesburg, centre financier du pays :

> « Un signal positif du marché est récemment venu de la Bourse de Johannesburg, qui a lancé son segment d'obligations vertes et ses règles de cotation vertes en octobre 2017, favorisant la poursuite des émissions d'obligations vertes dans la juridiction. Grâce à cette démarche pionnière, l'Afrique du Sud est considérée comme se positionnant comme une porte d'entrée pour les investissements verts en Afrique subsaharienne[35] »

Les exemples nigérian et sud-africain nous apprennent que les pays qui ont adopté des cadres verts sont ceux qui avaient une vision claire de leurs objectifs à moyen et long terme. Le volontarisme des dirigeants, allié à l'information de ces derniers, a été clef. La prise de décision était d'autant plus forte et rapide que les gouvernements avaient eu une connaissance très précoce des défis climatiques. Le Kenya, par exemple, avait depuis longtemps établi une feuille de route pour son développement en identifiant ses priorités politiques, parmi lesquelles on trouvait la production d'énergie géothermique et la création de transports propres. Le caractère précoce de la prise de conscience du Kenya était lié au fait que le pays était depuis longtemps confronté à des problèmes liés à la pénurie d'énergie et avait compris que son économie avait besoin de renforcer son système de transport pour se développer. Le pays a donc rapidement lancé un projet multilatéral de coopération internationale sur le sujet. C'est pourquoi, comme le note un rapport de White & Case :

> « A ce jour, le gouvernement kényan s'est concentré sur le développement d'un cadre d'obligations vertes et sur l'incitation au développement des énergies renouvelables, en donnant la priorité à la géothermie, à l'éolien et à la biomasse. Le transport durable est également à l'ordre du jour du Kenya

---

[35] Human M., Hussain T. (2018), "Green finance in Africa", White & Case Publications

après le succès de la ligne ferroviaire Mombasa-Nairobi, récemment achevée […] »

Cependant, ces initiatives sur le continent africain se sont surtout déroulées au niveau national, ce qui les condamnait à avoir une portée limitée du fait de la faible capacité d'investissement et le faible poids de chaque pays pris individuellement dans les marchés financiers internationaux. Aller en avant requerrait l'implication de la Banque africaine de développement – ce qui eut lieu en 2013, lorsqu'elle lança ses propres programmes supranationaux en concertation avec ses pays membres. Cette banque de développement dispose d'une architecture institutionnelle intéressante. Gérée par un conseil d'administration ayant la compétence d'investir dans chacun des 54 pays membres, les votes sont divisés par le pourcentage de fonds mis à disposition par chaque pays. En plus de ses grands membres régionaux comme l'Égypte et le Maroc, les pays non-africains à l'avant-garde de la finance verte (France, Royaume-Uni, États-Unis) disposent d'un siège sans droit de vote. Leur présence facilite un certain nombre de décisions de la BAfD, qui détient de ce fait une véritable stature internationale, et a la possibilité d'être un moteur du changement en Afrique. L'implication d'une telle banque dans la partie « verte » du système financier international n'était toutefois pas anodine, et nécessitait une stratégie. La BAfD a créé des groupes de travaux exploratoires qui ont mis en place des plans d'action. Une commission interne a été chargée d'examiner sous toutes ses coutures la création à terme d'un « portefeuille vert » pour la banque, c'est-à-dire la détention par celle-ci d'actifs financiers verts. Le rapport qu'elle a publié a conduit à la définition de deux objectifs prioritaires : l'atténuation des risques face au changement climatique, et l'adaptation face aux dangers qu'il présente. Il déclarait ce qui suit :

> « À mesure que l'Afrique prend de l'élan en faveur d'un développement intégré à l'action climatique, le programme d'obligations vertes de la BAfD [fournira] aux pays des financements pour des programmes d'énergie durable, pour assurer que les biotopes ruraux, côtiers et forestiers soient

résilients [...] Les investisseurs pourront faire la différence avec leurs investissements [...] par le biais des obligations vertes de la BAfD[36] »

La seule faille majeure du rapport était son ambition. Si les économistes de la BAfD sont en effet indépendants, la banque n'a pas intérêt à se montrer trop radicale dans son approche, et à rester consensuelle pour emporter l'adhésion des nombreux pays qui la composent. Il n'était donc pas étonnant que le document exclue toute approche holiste de la lutte contre le réchauffement climatique et indique que l'objectif principal de la banque était de développer des infrastructures vertes. En s'intéressant quasi-exclusivement aux investissements verts, la banque se fermait toutefois la possibilité immédiate d'aborder les problèmes climatiques de manière plus ambitieuse.

Cela n'a pas empêché la BAfD d'aller de l'avant. Une fois la phase préparatoire finie, elle a décidé d'émettre ses premières obligations vertes le 10 octobre 2013. L'équivalent de 500M€ de *green bonds* africains, bénéficiant de taux particulièrement favorables (Aaa/AAA/AAA), ont été vendus sur les marchés financiers internationaux. Signe de la faiblesse du marché financier africain, l'émission avait dû être réalisée à la bourse du Luxembourg, car il était plus facile d'accéder aux investisseurs là que sur une place financière africaine. Une deuxième émission a été prévue et réalisée en 2014, avec une maturité de cinq ans. Ces obligations ont été ancrées aux obligations d'État suédoises afin de les rendre plus sûres aux yeux du marché[37].

En 2015, presque tous les pays africains ont ratifié l'Accord de Paris sur le climat, s'engageant à mettre en œuvre des politiques visant à réduire les émissions de gaz et à atténuer le changement climatique. L'accord fait de la finance verte l'une des principales modalités de la lutte contre le changement climatique. Pourtant, l'émission à long terme et à grande échelle d'actifs

---

[36] Collectif (2013), "Growing Green - The AfDB and CIF for a climate-smart Africa", African Development Bank

[37] Collectif (2014), "AfDB prices SEK 1 billion Green Bond due March 2019", African Development Bank

verts, ainsi que l'approfondissement des marchés financiers verts, nécessitent la création dans les pays en voie de développement *a minima*, et au niveau international *a maxima*, de taxonomies vertes qui permettent de définir et de catégoriser les actifs verts.

1.2 La question non résolue des taxonomies de la finance verte

Le monde financier s'est construit à partir d'une logique d'uniformisation et de catégorisation. Les marchés permettent l'échange d'actifs financiers ; sans catégorisation claire et univoque, un marché ne peut se développer. Le facteur informationnel est important car l'information sur chaque actif agit comme un « signal », c'est-à-dire qu'elle informe et incite ou désincite les investisseurs à investir. Par conséquent, le premier défi de la finance verte, en tant que phénomène relativement nouveau dans le monde financier, est de bénéficier d'une taxonomie claire et cohérente. C'est là la première condition pour que les banques centrales et les investisseurs puissent la comprendre et agir en conséquence. Or, les taxonomies actuelles sont confuses et ne permettent pas de maîtriser la complexité du phénomène. La volonté politique de créer et de mettre en œuvre des taxonomies plus claires et plus complexes est apparue récemment et s'est nourrie de la recherche économique.

1.2.1 Une taxonomie confuse et hétérogène

Les marchés financiers fonctionnent grâce à un ensemble de règles et de normes légales, elles-mêmes cadenassées par des accords internationaux ou des règlements nationaux, qui assurent le fonctionnement fluide de tout le système. Pour qu'un système financier vert puisse être mis en place, c'est-à-dire pour que le système actuel devienne majoritairement « vert », la création et l'implémentation partagée d'une taxonomie claire d'actifs « verts » est nécessaire. Des définitions univoques et stables, acceptées par toutes les parties prenantes, doivent être mises en œuvre. C'est là que les banques centrales peuvent jouer un rôle majeur, notamment dans les pays en voie de développement.

Une bonne taxonomie verte définit ce qu'est un actif vert, et, par extension, ce que sont des politiques publiques vertes. Elle communique donc des informations à la fois sur la nature des actifs, et sur les modalités de leur utilisation par les investisseurs. Les hommes et les femmes politiques peuvent se reposer sur ces catégories pour mettre en œuvre des politiques qui permettent d'atteindre des objectifs politiques de développement durable. Par-dessus tout, une bonne taxonomie financière fournit aux acteurs financiers et aux décideurs politiques un cadre de compréhension commun. L'absence d'un tel cadre dans les pays en voie de développement est aux dépens de ces mêmes pays, car un marché financier ne peut fonctionner lorsque le même actif a une définition différente selon le pays qui l'émet, et que les règles de chaque pays ou union de pays diffèrent. Une taxonomie verte a pour conséquence normale de donner aux investisseurs plus de confiance pour investir dans ces actifs ; aussi, d'un point de vue politique, une bonne taxonomie est requise pour permettre aux banques centrales de pratiquer des politiques de ciblage.

Enfin, et cela a une importance majeure du fait de dérives passées, une taxonomie n'est réellement efficace que lorsqu'elle est précise et honnête. Une absence de précision se fait à son détriment, car chaque faille, chaque flou, sera utilisé par des acteurs financiers afin de mener des opérations de « *greenwashing* ». Il s'agira alors pour ces agents économiques peu vertueux de faire croire que les actifs qu'il émet ou détient, ou que les prêts qu'il accorde, sont favorables à l'environnement, alors que ce n'est en réalité pas le cas. Le risque d'écoblanchiment est particulièrement élevé dans les pays en développement où des cadres réglementaires ont rarement été créés et appliqués.

Or, c'est bien là que le bât a blessé. La croissance de la finance verte a été permise, en Europe, par l'adoption relativement rapide de règles d'identification, certes imparfaites mais existantes, des actifs verts. Les pays en développement, eux, pour différentes raisons tenant à leur culture politique et économique, ainsi qu'à la faiblesse de nombreux acteurs institutionnels, ont mis beaucoup de temps à donner une définition claire de la finance verte et à mettre en place les taxonomies complexes nécessaires pour construire leur système financier vert, et *a fortiori*, à faire ce qui convient pour encastrer leur système financier dans les grands flux internationaux. La finance verte s'est certes développée à la fin des années 2000 et dans les années 2010, mais les pays en développement n'ont pas mis en place une architecture financière verte, faute de définition et d'engagement politique, alors que les grandes puissances économiques mondiales chargeaient leurs banques centrales et ministères de l'Economie de plancher sur le sujet. Les pays riches avaient donc une avance certaine, quoique tout n'était pas encore fixé ; dans un article de 2019 intitulé « Green Finance : What It Is and Why It's Growing », *Bloomberg* notait qu'il manquait encore un cadre réglementaire supranational, et que le sous-développement de la finance verte était dû au manque d'informations sur les actifs verts et à l'absence de critères clairs et partagés. Le journaliste faisait d'ailleurs remarquer, quoiqu'en forçant le trait, que :

> « Il n'existe pas de définition commune de ce que l'on entend par finance verte ou durable. Certains gestionnaires d'actifs veulent soutenir uniquement l'énergie non polluante [...] [alors que] d'autres prennent en compte l'efficacité énergétique elle-même ...[38] »

Cette déclaration n'était certainement pas une surprise pour les connaisseurs du sujet, car *Bloomberg* ne faisait là que révéler un secret de polichinelle. Les effets d'un manque de taxonomie stable et précise avaient déjà été soulignés par l'OCDE, en 2012, comme un obstacle majeur au développement de la finance verte. En 2017, un groupe d'experts de haut niveau sur la finance durable avait noté que « l'absence d'une définition commune de ce qui constitue le ''vert'' revient régulièrement dans les enquêtes auprès des investisseurs institutionnels lorsqu'ils sont interrogés sur les principaux obstacles à l'investissement vert[39] ». À ce titre, il est intéressant de noter que les banques centrales n'ont pas été particulièrement actives sur cet aspect, gardant une

---

[38] Landberg, R., Massa, A., Pogkas, D., "Green Finance Is Now $31 Trillion and Growing", *Bloomberg*

[39] Collectif (2017), "Defining green in the context of green finance - Final report", *European Commission Papers*

position d'indifférence sur la question, sauf lorsque l'autorité publique lui ordonnait de participer à des groupes de travail. La Banque de France a fait partie des rares exceptions, sous l'impulsion notable de son gouverneur, François Villeroy de Galhau, et de sa seconde sous-gouverneur, Sylvie Goulard.

Parmi les pays pauvres qui ont développé une taxonomie financière sur critères climatiques, la première chose remarquable est que ces tentatives ont été menées par les Etats, le plus souvent *via* leur ministère des Finances. Ces ministères concentrent souvent, en effet, une bonne partie du capital technocratique de l'administration publique. L'exemple de l'Indonésie est le plus éclairant en la matière. C'est l'un des premiers pays en développement à s'être intéressés à la création de taxonomies liées à la pollution et aux projets verts. Elle a lancé en 1994 un projet visant à créer une grille d'analyse de l'impact économique et écologique de l'activité économique. En juin 1995, elle a dévoilé son Programme de contrôle, d'évaluation et de notation de la pollution (PROPER), imposant un cadre d'analyse de l'impact environnemental des pollueurs. Il oblige les acteurs privés à publier des informations sur leur activité, et les pollueurs se voient attribués par le ministère une note basée sur le caractère écologique de leur activité. Ils peuvent être notés aussi sur la mesure dans laquelle leur activité vise à atténuer le changement climatique. Ainsi, les obligations émises par l'entreprise peuvent être évaluées à travers cette grille[40].

Quels ont été les effets de cette politique indonésienne ? Cela est difficile à dire, car aucune étude ne s'est penchée sur le sujet. On doit toutefois mettre en évidence les résultats prometteurs d'une étude peu connue qui a été réalisée en 1997 par Dasgupta et ses collègues sur les marchés financiers des pays en développement. A partir d'un échantillon composé de l'Argentine, du Chili, du Mexique et des Philippines, ils montraient que les marchés de fonds prêtables réagissaient véritablement lorsque des entreprises étaient impliquées dans des scandales environnementaux. La seule condition était que les investisseurs en soient informés : la publicisation de

---

40 Collectif (1995), "What is Proper? Reputational Incentives for Pollution Control in Indonesia". Washington DC: *World Bank Papers*

l'information entraînait des changements dans les préférences des investisseurs, qui eux-mêmes provoquaient des variations de la valeur des actions et des obligations. Le rapport plaidait logiquement en faveur d'une obligation légale de publication d'une étude de l'impact environnemental des activités de chaque société cotée en bourse. Les auteurs exprimaient également une demande à l'époque radicale : celle de créer un cadre juridique permettant d'évaluer le caractère écologique des actifs[41].

Aucune taxonomie unique, qu'elle provienne d'un pays développé ou d'un pays en développement, n'a occupé le devant de la scène dans les années qui ont suivi. C'est pourquoi certaines organisations internationales, comme l'Union européenne, ont créé des groupes de travail chargés de fixer des taxonomies claires pour les actifs financiers verts dans les années 2010. Ces nouveaux travaux étaient censés pallier le manque d'informations et renforcer la conceptualisation de certaines appellations qui, jusqu'alors, étaient particulièrement floues. Comme nous le verrons plus tard, le rapport de l'UE a servi de modèle à de nombreux pays en développement, preuve de son efficacité, et, aussi, du *soft power* juridique de cette institution internationale.

Le groupe de travail de l'UE a présenté un rapport long et détaillé qui a ouvert la voie à une meilleure typologie des actifs verts. En synthétisant et prolongeant les travaux déjà réalisés par des institutions antérieures, publiques comme privées, le groupe de travail a classifié les actifs financiers verts en trois catégories :

---

[41] Labatt, S., White, R. (2002), "Environmental Finance: A Guide to Environmental Risk Assessment and Financial Products", John Wiley & Sons

Type	Défini par...	Critère principal
Green bonds	Green Bond Principles (GBP)	Impact environnement attendu des projets financés
Green lending	International Development Finance Club	Adéquation avec une liste de projets considérés comme verts (+ des critères spécifiques)
Green equity	Des index d'investissements	Critères des index d'investissements

Ces travaux ont ouvert la voie à la clarification et à la définition de ce qui allait devenir la triade des actifs verts, c'est-à-dire les trois actifs qui constituent l'écrasante majorité des flux financiers verts internationaux. Les premiers de ces actifs, que nous avons déjà couvert, sont les obligations vertes. Elles sont définies par les Green Bond Principles, établis par des acteurs privés affiliés à l'International Capital Market Association (ICMA). Cette association non gouvernementale, qui met à jour les critères toutes les quelques années, définit les GBP comme suit :

> « [...] des directives de processus volontaires recommandant la transparence et la publicisation, et favorisant l'intégrité dans le développement du marché des obligations vertes [...] ils aident les investisseurs en garantissant la disponibilité des informations nécessaires à l'évaluation de l'impact environnemental de leurs investissements [...] ils aident les souscripteurs en orientant le marché vers des divulgations facilitant [...] les transactions[42] »

[42] Collectif (2018), *Green Bond Principles Handbook* <https://www.icmagroup.org/sustainable-finance/the-principles-guidelines-and-handbooks/green-bond-principles-gbp/>

De manière plus intéressante, le groupe de travail a souligné l'importance des prêts verts et des fonds propres verts (« *green equity* »). Les prêts verts ont été définis comme l'activité consistant à prêter directement des capitaux à des entreprises ou des États qui les utilisent pour des projets liés à l'atténuation des risques et à la transition écologique. La Loan Market Association, qui travaille avec l'ICMA, a défini les prêts verts comme « tout type d'instrument de prêt mis à disposition exclusivement pour financer ou refinancer, en tout ou en partie, des projets verts éligibles nouveaux et/ou existants ». Elle en a tiré une définition des critères auxquels ils doivent répondre : « les prêts verts doivent être conformes aux quatre composantes essentielles du BPL [Utilisation du produit, Processus d'évaluation et de sélection des projets, Gestion du produit et Rapports] » [43].

Le *green equity*, enfin, a été défini comme de *l'equity*, c'est-à-dire des fonds propres, prêtés à des entreprises, dont l'objectif est de rassembler des capitaux afin de financer des projets qui augmentent la durabilité environnementale. Un rapport ultérieur de 2017 notait que :

> « Les investissements en actions vertes sont principalement réalisés par le biais d'investissements indiciels ou de fonds d'actions […] Si les fournisseurs d'indices sont relativement transparents quant aux méthodologies d'identification des entreprises vertes pour leurs indices, les méthodes de délimitation du "vert" utilisées par les fonds d'actions vertes sont souvent complexes et contestées[44] »

Même si les conclusions du rapport étaient teintées d'optimisme quant à la finance verte, le groupe de travail a mis en évidence ce qu'il considère comme le principal obstacle au développement sûr d'une économie verte : le caractère vert des actifs, a-t-il fait valoir, est défini *ex ante*, sur la base de l'*intention*

---

[43] "Green Loan Principles Supporting environmentally sustainable economic activity", December 2018

[44] Collectif (2017), "Defining green in the context of green finance - Final report", *European Commission Papers*

et de certaines caractéristiques préalables, et non sur les conséquences réelles du projet, c'est-à-dire son véritable impact. La « finance verte », affirment les auteurs, « est généralement définie par rapport à ce qu'elle finance (c'est-à-dire l'investissement dans des technologies, des activités et des entreprises vertes) et non par rapport à ce qu'elle réalise (financement et investissement conduisant à un impact environnemental spécifique) ». Les auteurs en tirent deux conclusions : premièrement, la finance verte doit être considérée comme un ensemble d'outils permettant d'atteindre des objectifs plutôt que comme un objectif en soi ; deuxièmement, ces outils sont incomplets s'ils ne sont pas évalués *ex post* afin d'estimer leur impact écologique et économique. C'est là que les banques centrales peuvent intervenir, comme nous le verrons plus loin.

L'idée majeure du groupe de travail européen avait été de s'appuyer sur les taxonomies créées par le secteur privé. Comme le monde académique avait été pris de court par la rapidité du développement de la finance verte, les agents économiques privés s'étaient organisés pour pallier le manque de lisibilité des actifs verts. Suivant cette idée, l'Autorité des Marchés Financiers et la Banque de France ont rédigé un rapport commun en décembre 2020 afin de répertorier certains des cadres développés par les acteurs privés pour évaluer l'impact des investissements verts. Toutes les méthodes reposent sur l'agrégation de données et sur les conclusions qui en sont tirées afin de classer, catégoriser ou noter les investissements verts[45]. Le tableau suivant reproduit la catégorisation de l'AMF, tout en l'abrégeant :

[45] Collectif (2020), "Rapport commun ACPR-AMF Les engagements climatiques des institutions financières françaises". Traduction et adaptation du tableau par l'auteur.

Entité(s) originaire(s)	Acteur(s)	Méthodologie proposée
SBTI (Science Based Target Initiative) et SBTi-Finance	Carbon Disclosure Project, Global Pact of the United Nations, WWF	Décarbonation sectorielle (approche développée par l'International Energy Agency): Intégrer les données de l'émetteur dans une base de données qui relève l'intensité carbone de chaque secteur pour comparer.
PACTA (Paris Agreement Capital Transition Assessment)	2 degrees Investing Initiative (think tank)	Logiciel source ouverte qui analyse l'alignement du portefeuille d'actions et d'obligations et les prêts avec divers scénarios de simulations liés à l'évolution du climat.
Carbon Impact Analysis	Carbon4Finance	Mise en place du Ratio d'Impact Carbone (RIC), défini comme la relation entre les émissions qui ont été évitées et les émissions courantes dans le secteur.

En tant qu'elle est la plus grande organisation internationale du monde, les Nations unies ont également considéré qu'elles devaient jouer un rôle important dans le développement de la finance verte – et cela est logique dans la mesure où elle dispose d'une administration (le Programme des Nations unies pour l'environnement, PNUE) qui étudie les questions relatives au climat et au changement climatique. Le PNUE a été chargé de clarifier la position de l'ONU sur la finance verte, ainsi que la relation entre la finance verte et les autres outils financiers durables existants. Dans un rapport de 2016, le PNUE soulignait que la finance verte faisait partie d'une dynamique plus globale, alors baptisée « finance durable ». Il s'agissait là d'une prise de position ambitieuse et courageuse, car à peine les définitions de la finance verte commençaient-elles à être fixées que l'ONU l'envisageait déjà comme la partie d'un tout plus grand.

Le PNUE a mobilisé les normes ESG pour caractériser la finance verte comme une partie de la finance durable. Les normes ESG (pour Environnemental, Social et Gouvernance) sont des normes publiques et privées utilisées pour définir, de manière assez large, les projets ou actifs financiers qui ont une visée sociale ou environnementale. Le PNUE a proposé un schéma standard pour expliciter la place de la finance verte au sein de la finance durable. Ce schéma décompose la finance dite durable en plusieurs catégories, dont la finance environnementale ; elle-même se divise en trois branches : l'atténuation de risques, l'adaptation aux risques, et le reste. La finance verte serait donc une première étape vers une finance mondiale responsable qui, elle, serait véritablement « durable », plus encore que « verte » ; la durabilité étant comprise comme l'adjonction d'impératifs sociétaux au-delà de ceux environnementaux. Le financement vert, lui, serait donc le type de financement qui s'attaque à l'atténuation du changement climatique, à l'adaptation au changement climatique et aux « autres questions environnementales » ; il englobe tous les flux financiers qui représentent un investissement vert dans ces trois catégories.

Il convient également de définir le concept même d'investissement vert. C'est l'un des concepts les plus associés à la finance verte, car celle-ci est souvent perçue comme l'outil qui permet à l'investissement vert de transiter d'un agent économique investisseur à un agent économique demandeur. Pourtant, sa définition s'est montrée difficile à établir. L'Institut allemand pour le développement a par exemple, dans un papier de recherche, contourné le problème en définissant l'investissement vert par ses objectifs, sa fin, et non par sa substance[46]. On trouve dans l'un de leurs graphiques explicatifs une liste des « *Green*

---

[46] Lindenberg, N. (2014), "Definition of Green Finance", *German Development Institute Papers*

investment targets », parmi lesquels l'adaptation au changement climatique, le traitement des déchets, la protection de la biodiversité, *etc.*

En tant que tel, l'investissement vert étant défini par ses objectifs, il a été impossible pour l'Institut de proposer une définition claire et univoque de ce qui constitue, au moyen où la banque octroie le crédit, ou au moment où les investisseurs se portent acquéreur d'obligations, un investissement véritablement vert. Cela est rendu difficile par la grande variété des objectifs intermédiaires de l'investissement vert, dont le seul dénominateur commun est la centralité de la préoccupation pour l'amélioration de l'environnement. Nous reviendrons sur la difficulté de la définition du « vert » plus loin, pour souligner l'écart qui peut exister entre la labellisation d'un actif comme vert et ses conséquences réelles sur l'environnement.

En bref, les taxonomies financières vertes n'ont été ni solides, ni stables, jusque dans les années 2010. Encore aujourd'hui, elles ne sont pas partagées par le monde entier, et il n'y a guère que l'Union européenne qui a su créer une typologie ferme. Dans les pays développés, les taxonomies étaient et restent diverses, et beaucoup d'acteurs financiers proposent des solutions différentes sans que les États ne choisissent ni n'en imposent une. Les banques centrales ne jouaient pas un rôle très actif en raison d'un manque d'intérêt de la part de leur État ou d'elles-mêmes ; d'où la prise en charge de l'ONU, dont le PNUE a été chargé de diffuser les connaissances et d'encourager la recherche sur la finance verte, tout en aidant à mettre en œuvre des outils de finance verte afin « d'aligner les systèmes financiers sur le programme de développement durable 2030 ». La réussite de cette mission passait donc par la fourniture, aux pays désireux, de cadres et de ressources conceptuelles pour adopter des règles juridiques et des taxonomies relatives à la finance verte. Le PNUE soulignait cependant que l'allocation des capitaux nécessaires à la lutte contre le réchauffement climatique n'aurait lieu qu'avec beaucoup de volontarisme de la part de tous les Etats et que, de fait, le secteur public devait prendre les choses en main, avec l'aide d'une coopération étroite avec le secteur privé.

1.2.2 Une volonté latente de créer une taxonomie stable

Comme nous l'avons vu, si la finance verte postule la possibilité d'une rénovation progressive du système financier mondial par un ensemble de règles et de lignes directrices en matière d'investissement, elle est tributaire de la présence d'une taxonomie stable à l'échelle nationale ou internationale. Or, même si, comme nous l'avons vu précédemment, certaines taxonomies ont été créées, notamment par des acteurs privés et des organisations internationales publiques et privées, la volonté politique d'établir une taxonomie nationale a mis du temps à émerger dans les pays en développement.

Beaucoup de ces pays ont compris l'avantage de disposer d'un point de référence taxonomique clair ; comme nous l'avons mentionné, les pays en développement manquent cruellement d'investissements de long terme, et les taxonomies incitent les investisseurs à investir dans des actifs verts et à participer à des activités financières vertes dans le pays. Les taxonomies, en plus de cela, réduisent l'incertitude, qui est toujours préjudiciable aux investissements et au bon fonctionnement des marchés. Nous devons noter que dans la plupart des exemples existants, les banques centrales n'ont que rarement été invitées par les gouvernements à apporter leur aide et leur expertise sur ces sujets.

La Mongolie est un cas typique en la matière. Elle a été l'un des premiers pays en développement à montrer sa volonté de développer une taxonomie nationale appropriée après que des incidents climatiques en 2003 ont incité les banques à porter la question devant le gouvernement mongol. Puis, entre 2003 et 2013, rien de substantiel ne s'est produit sur le sujet, la question de la finance verte n'ayant pas été placée en tête de l'agenda politique. En 2013, surfant sur la vague de la finance verte qui commençait à déferler sur l'Europe de l'Ouest, les banques privées ont à nouveau fait pression sur le gouvernement à ce sujet, et l'année suivante, le Parlement a adopté une « Stratégie de développement vert ». Les banques, elles, ont unanimement approuvé les « Principes de la finance durable » qui posent les bases du verdissement du système financier mongol, avec comme horizon l'année 2030. Cependant, les principes étaient suffisamment vagues pour que le *greenwashing* soit possible. L'État a essayé de pallier ce problème en créant l'Initiative mongole pour la finance durable… mais il n'était pas obligatoire pour les entreprises mongoles, ni pour les entreprises étrangères opérant en Mongolie, de respecter les principes et les règles édictées. Dans l'un de ses rapports, la Société financière internationale a noté que, selon l'Association mongole pour la finance durable :

> « La bonne réalisation de ces politiques et objectifs est mise à mal par l'absence de compréhension commune des projets qui peuvent être considérés comme écologiquement durables à des fins d'investissement (tels que les prêts verts et les obligations vertes). Cela crée un obstacle pour les développeurs de projets et les banques qui cherchent à identifier et à comparer les opportunités de financement vert[47] »

Même si les pays en développement ont pris le temps d'élaborer leur propre taxonomie, nombre d'entre eux ont utilisé celle qui a été proposée par l'Union européenne dans son rapport d'octobre 2017. Ce rapport était susceptible d'être mis en œuvre par les pays en développement car il « décrivait sans détour [...] les moyens et la portée de l'identification des actifs et activités verts par le biais de définitions conceptuelles, de taxonomies, de méthodologies de notation et d'autres mécanismes »[48]. Les banques régionales de développement des pays en développement, comme la BAD, et des pays développés, comme la Banque européenne d'investissement (BEI), ont utilisé cette taxonomie à partir de 2018. Elles ne se sont pas arrêtées là et ont décidé de coopérer avec la Banque mondiale pour organiser des groupes de travail qui avaient pour mission de proposer l'harmonisation d'un cadre international pour les obligations

---

[47] Collectif (2015), "Mongolia Green Taxonomy Introduction & Proposed Taxonomy Framework". *International Finance Corporation Reports*

[48] Collectif (2017), "Defining green in the context of green finance - Final report", *European Commission Papers*

vertes[49]. L'AfDB a également lancé son propre programme de recherche sur le sujet[50].

Pourtant, jusqu'à présent, presque aucun des pays en développement n'avait demandé à sa banque centrale de l'aider en la matière, alors que les banques centrales emploient généralement des économistes professionnels et qualifiés qui auraient pu participer au *brainstorming* et utiliser les expériences menées par d'autres banques centrales comme base pour un programme d'action. Certains cas se distinguent néanmoins, puisque quelques pays ont demandé à leur banque centrale, dépendante ou non, de lancer une réflexion afin de publier des principes bancaires liés aux actifs verts. On peut citer, par exemple, le cas de la plus grande économie d'Afrique, le Nigéria, qui s'est beaucoup appuyée sur sa banque centrale sur ce sujet dans les années 2010[51]. Ceci est d'autant plus remarquable que son ministère des Finances est particulièrement puissant : il s'agit du ministère le plus transversal, ayant à la fois pour charge le budget de l'Etat, la direction de la puissante Security and Exchange Commission, et la Nigeria Deposit Insurance Corporation, un organisme de régulation lié aux assurances. Le ministère des Finances a pris la décision de laisser la banque centrale organiser le projet avec des parties prenantes privées telles que le Comité des banquiers privés du Nigéria ; en juillet 2012, avant presque tous les autres pays en développement du monde, les Nigerian Sustainable Banking Principles ont été votés et faits loi[52].

Malgré ce contre-exemple, le recours aux banques centrales

---

[49] Duru U., Nyong A., (2016), "Why Africa Needs Green Bonds", *Africa Economic Brief*, Vol. 7

[50] Collectif (2015), Green Bonds Working Towards a Harmonized Framework for Impact Reporting, African Development Bank

[51] Chukwu, C. (2012), "Implementation of Sustainable Banking Principles by Banks, Discount Houses and Development Finance Institutions in Nigeria", Central Bank of Nigeria

[52] Oyegunle, A., Weber, O. (2015), "Development of Sustainability and Green Banking Regulations: Existing Codes and Practices", CIGI Paper No. 65

est assez rare, la plupart des pays en développement s'appuyant sur leur ministère de l'Economie et des Finances, et plus particulièrement sur leur trésor public. C'est le cas de l'Afrique du Sud. Toutes les recherches et les programmes qu'elle a mis en place ont été poursuivis par le Trésor, et pas une seule fois la banque centrale n'a été appelée sur le projet. Ce pays en voie de développement a basé sa réflexion sur les résultats d'une taxonomie qui a été créée dans le monde développé. Le document reconnaît dès le départ le travail fondamental de l'Union européenne et recommande de « construire une matrice et un catalogue des activités économiques identifiées dans la taxonomie de l'UE », de « valider la pertinence des activités économiques introduites à partir de la taxonomie de l'UE », et enfin, de réappliquer dans le pays les catégories développées par la taxonomie de l'UE afin de « tirer parti des productions internationales ». Le Trésor a publié le résultat final en mai 2020, dans un document d'étape intitulé « Financing a Sustainable Economy », qui a réussi à ne pas mentionner une seule fois, dans ses 55 pages, la banque centrale. La nécessité d'amener les parties prenantes que sont les banques et les grandes entreprises à la table des négociations était pourtant bien comprise. La présentation publique faite par le gouvernement a mis l'accent sur le rôle central des banques et des investisseurs dans les développements futurs de la finance verte, tout en réaffirmant la nécessité pour le pays d'augmenter ses investissements verts, sans noter la possibilité pour les banques centrales d'agir de manière significative. Il se targue d'être la conclusion d'un « processus de développement dirigé par le marché », mais sans faire jamais référence à la banque centrale[53]. Il est intéressant de noter que le document appelle à la création d'une taxonomie qui pourrait être partagée avec les pays africains. Cela correspond à l'objectif stratégique de l'Afrique du Sud, qui est de rivaliser avec le Nigéria en tant que pays le plus riche et à la croissance la plus dynamique du continent, comme nous l'avons expliqué dans notre dernière partie. Elle cherche à emmener avec elle d'autres pays africains afin de se légitimer comme l'*hegemon* de la région.

---

[53] Collectif (2020), "Financing a Sustainable Economy", *South Africa Treasury Notes*

Cette orientation stratégique sous-tendait l'utilisation de la taxonomie de l'UE comme base fondatrice, puisque l'UE l'avait déjà expérimentée avec succès.

Chapitre 2.
Responsabilité et implication des banques centrales

Les banques centrales sont à la fois des autorités opérationnelles et des autorités normatives. Une partie de leur activité réside dans la politique monétaire qu'elles mènent, qui leur permet de moduler les taux d'intérêt ; une deuxième partie réside dans la régulation et l'édiction de règles à l'attention des banques dont elles sont responsables. De fait, si la capacité des banques centrales à contribuer à la création de taxonomies et de lignes directrices est évidente, leur implication sur le sujet de la finance verte ne va pas de soi. La culture politique de beaucoup de pays pauvres ne donne pas une importance première à la banque centrale, et moins encore aux politiques environnementales. Pourtant, des enquêtes réalisées par des banques centrales asiatiques ont récemment montré que la finance verte est de plus en plus considérée comme un sujet important dans les autorités monétaires des pays en développement, et qu'un nombre croissant de banques centrales pense qu'elles devraient s'impliquer davantage dans le financement et la réglementation de la finance verte.

Sur quels arguments peut-on fonder l'implication des banques centrales dans le mouvement de l'organisation et de la dynamisation de la finance verte ? Les débats entre économistes ne prendront probablement jamais fin, mais un premier argument intéressant a été implicitement donné par les Nations unies dans un rapport de 2011. Tout en reconnaissant le potentiel de la finance verte dans les pays arabes, l'ONU a noté que le premier problème de la finance verte était le « coût très élevé du développement du marché ». En effet, créer un marché financier à partir de rien, ou à partir d'une structure préexistante balbutiante, coûte cher pour les entreprises et les banques qui veulent le rejoindre. Cela conduit à des situations où ces agents économiques refusent de rejoindre le marché car « les coûts de transaction initiaux sont […] assez élevés ». C'est pourquoi, selon l'ONU, les banques ont tendance à être « un peu réticentes à créer de nouveaux instruments financiers » tels que ceux qui ont trait à l'écologie. La raison sous-jacente aux trois arguments que nous présenterons ci-dessous est qu'il est nécessaire, lorsque les marchés ne peuvent par eux-mêmes se donner un *impetus*, une impulsion, qu'une puissance surplombante les guide. A ce titre, les chercheurs en économie ont développé trois arguments principaux en faveur de l'implication directe des banques centrales dans la finance verte : l'argument de la défaillance du marché ; l'argument du risque systémique ; l'argument de la crédibilité[54].

2.1 L'argument de la défaillance du marché

Une défaillance du marché est une situation dans laquelle le fonctionnement normal du marché ne permet pas d'obtenir une allocation optimale des ressources. Comme l'a écrit la Banque des 2010, « les défaillances du marché signifient qu'on ne peut compter sur les forces concurrentielles normales pour produire [un niveau d'activité économique] qui soit compatible avec la stabilité », et ce, « à l'échelle du système »[55]. Les défaillances du marché peuvent être dues à ce qu'on appelle en économie des externalités.

Une externalité désigne le fait qu'un agent économique puisse produire des effets sur d'autres agents économiques sans qu'il y ait de contrepartie pécuniaire à cette action. Un exemple classique d'externalité positive est l'action de l'apiculteur dans son jardin : les abeilles de sa ruche butinent dans les jardins alentours et embellissent les fleurs, mais aucun voisin ne paie l'apiculteur pour ce service. Une externalité négative tout aussi classique est celle de l'entreprise qui déverse ses déchets en amont dans la rivière – cela pollue l'arrivée d'eau des habitants en aval, qui ne sont pas compensés financièrement pour cette

54 Durrani, A., Rosmin, M., & Volz, U. (2020), "The role of central banks in scaling up sustainable finance – what do monetary authorities in the Asia-Pacific region think?", *Journal of Sustainable Finance & Investment*

55 Turner, P. (2009), "Central banks and the financial crisis", Discours au symposium annuel du LACEA à Buenos Aires, Argentina

destruction d'utilité[56]. Lorsque l'on achète un actif à un certain prix, c'est qu'on considère que le prix reflète des futurs gains ; or, si l'actif a un effet indésirable sur l'environnement (l'entreprise dont j'ai acheté l'actif utilise l'argent que je lui ai prêté pour déverser ses déchets dans la rivière qui coule en bas de mon jardin), cela devrait être inclus dans le prix. Si ce n'est pas le cas – et ce n'est que très rarement le cas pour les actifs financiers – alors l'externalité n'est pas intériorisée par le prix, et le prix ne peut agir comme un signal fiable vis-à-vis des investisseurs. L'investisseur ne saura pas que l'actif qu'il achète a des effets néfastes qui détruiront le capital naturel de la planète.

Les défaillances de marché peuvent également être dues à la nature même de certains biens. Une justification importante de l'action de l'Etat en économie est qu'une puissance publique désintéressée est nécessaire pour produire certains biens qu'aucune entreprise ne veut produire. Il en est ainsi des biens qui ne sont pas, ou ne peuvent, être rentables. Quelle entreprise voudra bien fournir de l'électricité pour allumer des lampadaires dans la rue, alors qu'il est impossible pour elle de faire payer spécifiquement les utilisateurs de cette lumière ? L'Etat doit donc se substituer au marché et fournir ces biens, que l'on appelle en jargon économique « biens publics », en prélevant des impôts.

Enfin, d'autres phénomènes, tels que les asymétries d'information et l'incohérence temporelle des préférences, jouent un rôle dans les défaillances du marché. Dans tous les cas, elles entravent le bon fonctionnement du marché et l'empêchent d'atteindre un équilibre et un optimum social. La BRI écrit que « la première et meilleure réponse politique à ce problème est une surveillance réglementaire plus efficace ». Or, surveiller les acteurs financiers est le premier mandat des banques centrales.

Deux articles sont particulièrement importants sur le sujet de la défaillance du marché. Le premier est un article passé

[56] Le terme d' « utilité » désigne en économie la satisfaction de l'agent économique.

largement inaperçu lors de sa publication en juin 2008[57]. Alors que le système bancaire occidental était soumis à une immense pression du fait de la crise des *subprimes*, le World Resources Institute publiait un rapport intitulé « Correcting the World's Greatest Market Failure ». Il analysait les effets des défaillances du marché à travers le prisme de l'environnement, et soulignait deux choses : d'abord, que ces défaillances permettaient des activités polluantes destructrices ; ensuite, qu'elles empêchaient effectivement les pays de se protéger à l'avenir contre le changement climatique. L'article appelait à un renforcement de la collaboration entre les acteurs publics et privés pour aborder le sujet, ce qui, comme nous le verrons plus loin, est remarquable pour un article de 2008.

Le second est un autre article marquant publié dans la revue *Ecological Economics*. L'économiste E. Campgilio y affirme que les défaillances du marché sont le principal obstacle au développement de la finance verte, et qu'elles bloqueront à terme son émergence dans les pays les moins riches[58]. Le problème, selon lui, découle de la divergence entre les besoins de l'environnement et les intérêts privés. Les marchés sont fondés sur l'intérêt individuel bien compris, et les ordres d'achat et de vente n'ont jamais eu vocation à refléter la nécessité d'un optimum social – quoique la théorie économique considère que les marchés aboutissent, si certains critères très restrictifs sont réunis, à atteindre un optimum de Pareto[59]. En d'autres termes, dès lors qu'il existe un désalignement de l'intérêt privé avec l'intérêt général de l'environnement, les investisseurs iront dans le sens de leur intérêt.

---

57 Nakhooda, S. (2008), "Correcting the World's Greatest Market Failure: Climate Change and the Multilateral Development Banks", *World Resources Institute Issue Brief*

58 Campiglio, E. (2016), "Beyond Carbon Pricing. The Role of Banking and Monetary Policy in Financing the Transition to a Low-carbon Economy", *Ecological Economics*, Vol. 121

59 L'optimum de Pareto est une situation où le sort de chaque individu est tel que n'importe quelle modification contribuera à réduire la satisfaction d'un seul des acteurs.

L'auteur affirme :

> « [Le problème] réside dans le décalage entre la poursuite légitime d'intérêts privés par les banques commerciales - qui créent la majorité de la masse monétaire - et les objectifs de développement qu'une société se fixe, dont la réalisation est conditionnée par la disponibilité de ressources financières et un certain degré de stabilité monétaire »

Campiglio n'est pas le seul dans ce cas, puisque le milieu des années 2010 a vu une augmentation des recherches universitaires consacrées aux défaillances du marché et aux conséquences économiques des problèmes environnementaux d'une part, et à l'implication des banques centrales d'autre part. Par exemple, la puissante Banque asiatique de développement a noté dans un rapport qu'« il existe une divergence entre les rendements environnementaux et sociaux, et les rendements privés représentent une défaillance ou une imperfection du marché ». En d'autres termes, les agents économiques ne perçoivent pas à leur vraie valeur les actifs favorables à l'environnement, ce qui les rend moins attractif.

De manière intéressante, et cela est peut-être en lien avec la tradition politique de nombreux pays asiatiques, le rapport considérait principalement le problème de l'échec du marché du point de vue de l'État, avec un statocentrisme assumé. Les auteurs ont donc écrit que l'argument de la défaillance du marché « peut appeler une intervention gouvernementale visant à améliorer l'efficacité » des marchés, principalement par des moyens juridiques tels que des règles prudentielles. Le rapport fait remarquer que, dans les pays en développement, les banques centrales sont l'un des rares acteurs à avoir l'attention des investisseurs et qu'elles devraient naturellement être impliquées dans le soutien au développement de la finance verte[60].

L'idée a fait son chemin durant les années 2010 et l'argument de Campiglio a été suffisamment influent pour servir de base à un rapport de l'ONU en 2017. Appelé « On the Role of Central

[60] Dikau, S. & Volz, U. (2018), "Central banking, climate change and green finance", *ADBI Working Paper Series*

Banks in Enhancing Green Finance », ce rapport au nom évocateur plaidait pour l'implication des banques centrales dans la finance verte[61]. Le Stockholm Sustainable Finance Centre est parvenu à la même conclusion dans un document publié en juillet 2020, notant que le désalignement entre l'intérêt privé et l'intérêt environnemental « entraîne des marchés de capitaux caractérisés par des imperfections et une incapacité du secteur privé à lever des capitaux significatifs pour stimuler le développement économique [vert] ». Cet échec, écrit-il, est principalement dû à des « faiblesses au niveau des institutions», parmi lesquelles l'absence ou l'inefficacité du cadre réglementaire et l'absence d'un acteur économique fort comme la banque centrale. « L'instabilité macroéconomique, le faible niveau d'intégration économique et financière et les niveaux élevés de corruption, entre autres facteurs », jouant également un rôle important. Certains problèmes sont tels que les banques centrales peuvent s'y s'attaquer, d'autres nécessitent en revanche une intervention juridique directe de l'État[62].

Campiglio relie directement et sans ambages dans son article la question de la lutte contre le réchauffement climatique à l'action des banques centrales. Il plaide pour ce qu'il appelle le « *green central banking* », c'est-à-dire la subordination de certaines actions de la banque centrale à une logique de lutte contre les effets délétères des investissements bruns des marchés financiers. Il considère que le mandat de stabilité financière des banques centrales ne les empêche pas de s'impliquer dans des politiques financières vertes car le dérèglement climatique pourrait avoir, et nous y reviendrons, des effets très forts sur l'inflation. Leur reconnaissance et leur prestige en tant qu'institutions publiques puissantes, ainsi que leurs outils de régulation, leur permettent de corriger les défaillances du marché ou de les prévenir ; elles peuvent également élaborer des cadres normatifs ou les améliorer, ou alors donner leur aval à des cadres privés pour les officialiser aux yeux du reste des agents

---

61 Collectif (2017), "On the Role of Central Banks in Enhancing Green Finance", UN Environment

62 Marbuah, G. (2020), "Scoping the sustainable finance landscape in Africa: The case of green bonds", *Stockholm Environment Institute*

économiques. La clarté et la transparence sont obligatoires pour que les marchés financiers modernes se développent, et les banques centrales jouent un rôle de régulateur clef dans la transparence financière. En somme, Campiglio considère que les banques centrales devraient avoir une interprétation extensive de leur mandat afin d'imposer, dans le contexte de la finance verte, la clarté et la transparence comme valeurs cardinales.

Il est intéressant de noter que l'argument de l'échec du marché est devenu populaire dans les cercles universitaires des pays les plus préoccupés par l'impact immédiat du changement climatique. Ces pays avaient reconnu très tôt que le secteur privé était souvent impuissant face à ce phénomène, et qu'une coordination publique était, *a minima*, requise. Le Bangladesh, par exemple, a été incité à développer rapidement un secteur financier vert par l'intermédiaire de sa banque centrale, la Bangladesh Bank, après avoir constaté que le recours à la finance classique pour lutter contre le problème des inondations n'avait pas fonctionné, et que le pays était, dans sa lutte contre les catastrophes climatiques, démuni dès lors que les intérêts de court et moyen terme des entreprises n'étaient pas en danger. Constatant que les investissements qui affluaient dans le pays ne faisaient rien pour les problèmes liés au climat qui s'abattaient déjà sur ce petit pays pris entre les eaux, l'État a mandaté sa banque centrale en 2009 pour trouver des solutions qui faciliteraient l'investissement dans des secteurs ciblés liés aux problèmes immédiats auxquels le Bangladesh était confronté. La banque centrale a organisé des commissions et remis des rapports annuels au gouvernement pour l'orienter dans ses politiques publiques budgétaires et fiscales. Le rapport reconnaissait aussi le besoin pour la banque centrale elle-même de s'impliquer afin de peser de son poids (et, surtout, de sa crédibilité) dans le développement de la finance verte. Dans son rapport de 2016 intitulé « Are We Greening the Economy ? », l'institution a auto-évalué ses performances, et a réaffirmé sa volonté de corriger les défaillances du marché dans certains secteurs qui ne sont toujours pas optimaux dans leur allocation de capital, comme la gestion des déchets solides ou le recyclage des produits les plus polluants[63].

2.2 L'argument du risque systémique

Le risque systémique fait référence aux mécanismes de transmission qui permettent à un choc initial de se propager dans l'ensemble du système financier et de nuire jusqu'à l'économie réelle. La stabilité financière et monétaire et la surveillance des marchés financiers constituent le mandat (explicite ou implicite) de la majorité des banques centrales du monde ; c'est même le mandat principal de nombreuses banques centrales du monde développé depuis que la révolution monétariste et les articles séminaux de Kydland et Prescott ont posé les pierres de l'indépendance des banques centrales. La première menace à laquelle les banques centrales sont attentives est celle d'un risque systémique, car l'effondrement de grandes institutions financières peut rapidement se répercuter sur l'économie réelle et entraver son bon fonctionnement. Les économistes considèrent traditionnellement que le risque est surtout endogène à l'économie. Par exemple, le fonctionnement même du cycle du crédit induit des phases de contraction et des phases d'expansion. Si une grande banque a un effet de levier important et ne se trouve plus en mesure de rembourser ses emprunts ou de subvenir aux demandes des clients, alors son affaiblissement (ou sa chute) peut tendre tout le marché interbancaire et enrayer la dynamique économique. Certains économistes ont montré que le système financier était lui-même instable, et que ses phases de stabilité produisaient les phases d'instabilité[64]. Dans un document de recherche de décembre 2020 intitulé « On the origin of systemic risk », la Banque centrale européenne détaille les causes et les

---

[63] Nabi, G., Rahman Khan, M., Islam, S., Uddin, J. (2016), "Are We Greening the Economy? Recent Trends of Green Financing in Bangladesh", Working Paper

[64] On peut mentionner, dans des styles très différents, les recherches de Minsky (1964) autant que la théorie du cycle politique de Nordhaus (1975), ou encore celle des bulles rationnelles de Blanchard (1984)

conséquences de faillites systémiques. Dans une partie, elle se concentre principalement sur le secteur bancaire et écrit que :

> « Le risque systémique dans le secteur bancaire est généralement associé à de longues périodes de ralentissement économique et à des coûts sociaux très importants [...] les chocs provenant d'expositions trop fortes aux risques de l'économie réelle peuvent induire une corrélation dans les probabilités de défaut des banques, augmentant ainsi la probabilité d'événements systémiques extrêmes comme la grande crise financière de 2008[65] »

Le document abordait également le sujet de la contagion financière, c'est-à-dire la transmission d'une onde de choc de l'initiateur du défaut de paiement aux institutions environnantes et périphériques. Ces recherches sont intéressantes car elles explorent le concept de risque systémique et donnent des clefs de compréhension des mécanismes de leur transmission ; toutefois, elles évacuent implicitement la possibilité qu'un puissant choc économique exogène, lié au climat, puisse venir faire chuter le système. Cela indique que même au sein de la BCE, qui, parmi les principales banques centrales du monde, est celle qui a le plus étudié la question de la finance verte et du changement climatique, le sujet n'est pas encore totalement ancré. La possibilité qu'un choc bancaire ou financier puisse provenir de catastrophes climatiques n'a pas encore vraiment fait l'objet d'une prise de conscience généralisée.

Le point de départ de l'implication des banques centrales des pays développés dans la lutte contre le changement climatique est le discours prononcé par le gouverneur de la Banque d'Angleterre, Mark Carney, en 2015. Nous l'avons cité dans l'introduction. Dans la continuité des recherches que la Banque d'Angleterre avait poursuivies les années précédentes, le gouverneur avait déclaré que :

> « Les changements fondamentaux de l'environnement pourraient affecter la stabilité économique et financière ainsi

[65] Montagna, M., Torri, G., Covi, G., (2020), "On the origin of systemic risk", *ECB Working Paper*

que la sécurité et la solidité des entreprises financières, avec des implications potentielles claires pour les banques centrales[66] »

En d'autres termes, le changement climatique pourrait avoir des effets importants sur le système financier, et les banques centrales devraient mettre en œuvre des mesures pour réduire le risque au niveau macroéconomique. Ce discours a constitué une étape majeure vers la reconnaissance du rôle des banques centrales, car Mark Carney était un banquier central connu et respecté, et son discours avait un écho certain en dehors du Royaume-Uni et du seul cercle (relativement restreint, il faut le dire) des banquiers centraux. Le discours a donné une sorte de légitimité à la recherche institutionnelle et non institutionnelle qui explore les politiques potentielles des banques centrales.

Les pionniers dans ce domaine sont l'économiste Dafermos et son équipe, qui ont rédigé un article explorant les canaux par lesquels le changement climatique perturbe les marchés financiers. Ils montrent comment le changement climatique et la lutte contre le changement climatique pourraient créer une instabilité financière fondamentale. Les auteurs partent de l'idée selon laquelle le changement climatique et sa perception modifient les préférences des investisseurs en matière d'actifs financiers. La prise de conscience de ce que les actifs de tel ou tel secteur d'activité peuvent se déprécier du fait que le secteur d'activité va être touché par le dérèglement climatique peut mener les investisseurs à provoquer des chocs négatifs de demande, entraînant des entreprises dans une chute. Le canal des actions agirait ici parallèlement au canal du crédit, car la chute de la valeur des actifs se répercute sur l'ensemble de l'économie en provoquant une hausse du risque, une baisse de la demande et une contraction du crédit. Ils concluent que le changement climatique multipliera les cas d'illiquidité des entreprises[67].

[66] Carney, M. (2015), "Breaking the Tragedy of the Horizon – climate change and financial stability", discours au siège de Lloyd's

[67] Dafermos, Y., Nikolaidi, M. and Galanis, G. (2018), "Climate change, financial stability and monetary policy", *Ecological Economics*, Vol. 152

Dafermos et ses collègues résument leur raisonnement avec le schéma suivant. Les ventes en masse de certains actifs (comme des obligations) provoquent des baisses de leur prix, et une hausse de leur taux d'intérêt ; ce cas de figure peut être une réalité dans le cas où une crise climatique venait diminuer les perspectives de bénéfices d'entreprises, et où, donc, les investisseurs leur retiraient leur confiance en vendant leurs titres. Or, les modifications dans les prix des actifs et dans leur taux d'intérêt conduit les investisseurs à modifier la composition de leurs portefeuilles. Si les actifs « bruns » (polluants) voient leur désirabilité chuter, ils peuvent se reporter vers des actifs « verts ». La hausse de la demande de ces actifs provoque une baisse de leur taux d'intérêt, ce qui facilite le financement de projets verts et stimule l'investissement vert.

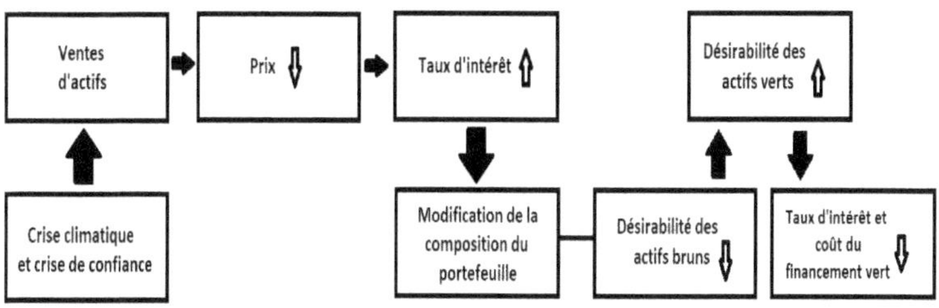

Source : L'auteur, à partir de Dafermos *et al.* (2018)

L'équipe d'économistes du Centre de recherche en économie politique de Greenwich, dirigée par le même Dafermos, a adopté une approche similaire. Elle a utilisé un « modèle macroéconomique écologique innovant » qui tient compte de la possibilité de chocs stochastiques (aléatoires) dus à des problèmes exogènes, dont environnementaux[68]. Elle a ensuite procédé à des tests empiriques à l'aide des données qu'elle avait rassemblées, et a vérifié comment la rentabilité des entreprises serait affectée si la transition environnementale était trop lente :

---

[68] Dafermos, Y., Nikolaidi, M., Galanis, G., (2018), "Can Green Quantitative Easing (QUE) Reduce Global Warming?", *GPERC Papers*

> « [dans une telle situation], les événements liés au climat pourraient réduire la rentabilité des entreprises et les rendre incapables de rembourser leurs dettes, ce qui entraînerait des pertes bancaires systémiques. Cela pourrait déclencher un cercle vicieux financier dans lequel des banques financièrement affaiblies fourniraient moins de crédit à l'économie et où un crédit moindre entraînerait de nouveaux défauts de paiement et des pertes bancaires »

Le GPERC a également identifié un effet inquiétant : en cas de ventes soudaines et massives, la chute du prix des actifs et l'augmentation du risque causerait une augmentation forte des taux d'intérêt sur les obligations, ce qui augmenterait mécaniquement le coût de financement. Ce phénomène est appelé *flight to quality*, c'est-à-dire que les investisseurs se ruent sur des actifs perçus comme étant de qualités et abandonnent les autres :

> « Dans un monde d'incertitude financière liée au climat, les investisseurs financiers pourraient être moins disposés à investir dans des instruments financiers émis par des entreprises privées qui seront affectées par le changement climatique. Cela pourrait déclencher une vente d'obligations privées qui provoquerait une instabilité financière »

Toutes ces préoccupations ont conduit certaines institutions, dans les pays en développement, à se faire force de proposition. La Banque asiatique de développement a écrit des articles en faveur de l'intervention des banque centrales asiatiques, appuyant à son tour le concept de « *green central banking* », et lui donnant une légitimité. Elle le définit comme « [le fait pour] une banque centrale [de] prend[re] en compte les risques environnementaux, y compris les risques liés au changement climatique, qui peuvent avoir un impact matériel sur la stabilité et le développement à court et à long terme du secteur financier et du système économique »[69]. Parce que le secteur bancaire international fait partie du *nexus* des économies capitalistes, les banques centrales

---

[69] Dikau, S. and Volz, U. (2018), "Central banking, climate change and green finance", *Asian Development Bank Papers*

doivent intervenir afin de renforcer les défenses de ces banques face à des modifications intempestives de la valorisation des actifs les plus probablement impactés par le climat.

Le « *green central banking* », comme nous le verrons plus tard, est basé sur une observation et compréhension des boucles de rétroaction entre l'économie financière et ce que l'on appelle parfois l'économie « réelle », c'est-à-dire l'économie de biens de production. La macroéconomie moderne a mis en évidence des liens de rétroaction entre des grandes variables économiques ; par exemple, le taux d'intérêt fait varier l'épargne, qui fait varier l'investissement, qui fait varier l'emploi, qui fait varier l'épargne, qui fait varier le taux d'intérêt. L'interconnexion de ces variables fait qu'on ne peut modifier une variable du système économique sans que cela entraîne des répercussions sur tout le système. Les articles qui ont le mieux analysé les répercussions du changement climatique sur les marchés financiers ont pour la plupart exploré le rôle des boucles de rétroaction pour saisir les manières dont les variables modifiées par le dérèglement climatique allaient interagir. L'article de 2018 de Dafermos mentionné plus haut, « Climate Change, Financial Stability and Monetary Policy », s'intéresse par exemple à une boucle de rétroaction qui modifie l'équilibre sur le marché du travail, et une autre qui modifie le volume de crédit octroyé par les banques. Modélisant l'impact d'une augmentation de la température sur la rentabilité des entreprises, il montre qu'avec une hypothèse de +2,5°C après 2060 :

> « La baisse de la croissance économique et la destruction du capital [vont] nuire à la rentabilité des entreprises [...] et [vont] détériorer leur liquidité, ce qui à son tour [va] augmenter leur taux de défaut [...] et ainsi [va] augmenter le ratio de levier bancaire [...] et diminuer le ratio d'adéquation des fonds propres [...] Cela ralentit également l'investissement dans le capital vert, perturbant ainsi la transition vers une économie à faible émission de carbone »

Dafermos n'est pas le seul auteur à avoir émis des prédictions et des estimations à long terme sur la rentabilité des entreprises et l'impact de baisses de rentabilité dues au changement climatique sur le système financier. Le Groupe d'experts intergouvernemental sur l'évolution du climat a effectué des calculs permettant de cerner certaines des conséquences du changement climatique en Afrique. Il en ressort que « le PIB pourrait baisser de 2 à 4 % d'ici 2040 et de 10 à 25 % d'ici 2100, alors que l'Organisation de coopération et de développement économiques prévoit une baisse du PIB mondial de 1 à 3,3 % d'ici 2060 »[70]. Aussi, selon les calculs de la BAfD, la croissance économique de l'Afrique a déjà été ralentie d'environ 1,4 point de pourcentage du PIB ; le changement climatique entrave le développement du système financier africain tout en menaçant sa stabilité.

L'une des préoccupations implicites liées au risque systémique est le coût sous-jacent, caché, de l'absence de réduction des émissions. Agir peut coûter cher, et mettre en œuvre une politique monétaire verte serait inédit ; ne pas agir peut toutefois coûter plus cher encore. Les crises systémiques finissent toujours par détruire de la valeur et perturber les flux de capitaux, ce qui réduit considérablement la croissance économique et augmente la dette privée comme publique, entraînant dans son sillage un enchaînement de défauts et de crises de solvabilité. Or, de nombreux pays sont dissuadés d'agir car ils perçoivent le fait d'agir en faveur de la transition vers un système financier vert comme coûteux sur le court terme, et incertain sur le long terme. Certes, la Banque asiatique de développement estime que la vulnérabilité de l'Afrique au changement climatique, traduite en termes de dommages par rapport au PIB et à la population, est proportionnellement la plus élevée de tous les continents, mais elle estime également les besoins de financement verts pour permettre la transition énergétique comme étant proprement gigantesques. Le chiffre s'élèverait pour l'Asie à environ 26 000md$ supplémentaires de 2016 à 2030 si elle souhaite « maintenir sa dynamique de croissance, éradiquer la pauvreté et répondre au changement

---

[70] Arent, D.J., R.S.J. Tol, E. Faust, J.P. Hella, S. Kumar, K.M. Strzepek, F.L. Tóth, and D. Yan, (2014), *Climate Change: Impacts, Adaptation, and Vulnerability*, Cambridge University Press

climatique »[71].

Cette situation constitue un dilemme pour de nombreux pays en raison de la rareté des capitaux. Alors que la Chine attire d'énormes quantités de capitaux pour ses projets, dont une petite part, quoique croissante, est verte, les pays périphériques sont en déficit de capitaux étrangers et ont par conséquent besoin d'établir une liste des priorités, sachant qu'ils ne pourront répondre à toutes. Il en va de même pour les pays africains et sud-américains. Nonobstant la forte exposition des pays en développement aux catastrophes liées au changement climatique et le risque systémique élevé qu'il représente, les pays pauvres risquent de ne pas pouvoir compenser le manque de financement et l'effet de dépendance au sentier lié à l'utilisation massive d'énergie polluante. A titre d'illustration, l'Asie produit 66% de son électricité par le charbon, contre 32% pour les pays de l'OCDE[72]. Les besoins financiers de l'Afrique pour s'adapter au changement climatique sont estimés à environ 25 milliards de dollars par an jusqu'en 2030. Cette estimation est, bien sûr, *a minima*[73].

Tout cela a conduit de nombreux économistes à préconiser une implication directe des banques centrales dans la finance verte, soit en tant que simple régulateur (par le biais de politiques micro et macroprudentielles), soit en tant qu'agent actif (par le biais de la politique monétaire verte, sur laquelle nous nous appesantirons plus tard). Comme indiqué dans le rapport « Central Banking, Climate Change, and Green Finance » de l'ADB :

> « La stabilité macroéconomique relève implicitement [...] des banques centrales, qui doivent donc s'attaquer aux risques liés au climat et aux autres risques environnementaux à un

---

[71] Collectif "Meeting Asia's Infrastructure Needs", *Asian Development Bank Reports*

[72] Ogihara, A. (2019), "Financial Barriers and Strategies for Promoting Carbon Capture and Storage Technologies", in *Handbook of Green Finance* (Ed. Sachs, J.)

[73] Dikau, S. (2017), "Green central banking in emergent market and developing countries", *New Economics Foundation Papers*

niveau systémique. En outre, les banques centrales, du fait de leur surveillance réglementaire de la monnaie, du crédit et du système financier, sont bien placées pour soutenir le développement de modèles de finance verte[74] »

2.3 L'argument de la crédibilité

Le commerce international conduit les pays à se spécialiser dans des productions qui leur donnent un avantage comparatif. Le libre-échange est ainsi tenu pour une dynamique qui permet aux pays d'optimiser leur production, c'est-à-dire de produire le plus de ce dans quoi ils sont les meilleurs. L'effet pervers de ce processus, toutefois, est que les pays les plus pauvres peuvent choisir de se spécialiser dans l'accueil d'activités polluantes. De nombreux pays en développement ont utilisé cette stratégie, dite du « paradis de pollution » (*pollution haven*), qui consiste à appliquer peu ou pas de réglementations en matière de santé publique et de pollution afin d'attirer des industries lourdement polluantes qui cherchent à fuir les contraintes des pays à la pointe de la régulation. Si cette stratégie a permis d'attirer des entreprises étrangères dans des pays pauvres depuis des années, en soutien de l'argument du faible coût de la main d'œuvre, elle a également accru la dépendance de ces pays à la pollution sur le long terme. Cela rend le passage à la finance verte plus difficile, car le phénomène de dépendance au sentier frappe de plein fouet les dirigeants. Même ceux qui sont de bonne volonté et souhaitent réduire la pollution sont obligés de le faire progressivement, ce qui fait perdre un temps précieux au vu de l'urgence écologique ; souvent, le calcul coûts-avantages se fait au bénéfice de la pollution car le pays considère qu'il ne peut se passer de la manne que représente l'installation de riches entreprises étrangères polluantes. C'est une raison pour laquelle les banques centrales ont la possibilité d'agir comme une force puissante en faveur des taxonomies vertes et des investissements verts.

---

[74] Dikau S, Volz U (2018) Central banking, climate change, and greenfinance. ADBI working paper867. Asian Development Bank Institute, Tokyo

Dans les pays en développement, les banques centrales font généralement partie des institutions financières ou économiques les plus reconnues et les plus facilement reconnaissables. Elles sont reconnues par les marchés comme des acteurs importants, indépendamment de la crédibilité que les investisseurs leur accordent en termes de respect des objectifs d'inflation. Même si ces banques centrales ne sont souvent pas entièrement autonomes par rapport à leur gouvernement, elles agissent généralement de manière à avoir plus de poids sur les marchés et à peser sur les anticipations. Le PNUE a suggéré que le changement climatique et la finance verte ne pouvaient être abordés qu'avec la participation active des banques centrales, car elles peuvent compenser les situations où « la réglementation environnementale n'est [...] pas ou peu appliquée, voire ignorée, en raison du manque de poids des institutions publiques »[75] ; en d'autres termes, la dépendance des banques centrales vis-à-vis de leur gouvernement peut être un avantage plutôt qu'un inconvénient dès lors que les banques centrales exploitent intelligemment leur proximité avec le pouvoir en vue. Les auteurs notent aussi que les banques centrales travaillent et coopèrent au sein de réseaux internationaux de banques centrales, et restent en contact avec des communautés épistémiques et les réseaux privés transnationaux qui regroupent les parties prenantes. Ces leviers peuvent être utilisés pour « promouvoir des réformes visant [à faire adopter] les meilleures pratiques possibles dans le secteur financier »[76].

Les banques centrales peuvent également appliquer des réglementations au sujet des données financières et comptables afin de forcer les entreprises à les rendre publiques ou, tout du moins, à les partager avec les services compétents de la banque centrale. Cette dernière agit alors en tant qu'agrégateur de données – et peut les utiliser dans le cadre de recherches en interne. Un rapport conjoint de la Banque de France et de l'Autorité des Marchés Financiers a souligné l'importance pour les investisseurs d'un accès facile et ouvert à des informations

---

[75] Collectif (2017), "On the Role of Central Banks in Enhancing Green Finance", UN Environment

[76] *Ibid.*

transparentes et fiables sur les entreprises. La finance verte ne peut fonctionner, écrivent-ils, que si « la disponibilité, la fiabilité et la comparabilité des données ESG » sont assurées, allant jusqu'à qualifier cette transparence et publicisation d'« obligatoire pour mieux orienter le capital »[77]. Or, dans les pays en développement, les investisseurs manquent souvent de données sur ces sujets. Les banques centrales des pays développés, en revanche, détiennent généralement de grandes quantités de données ; leur place dans le système financier leur donne souvent le pouvoir de les collecter en raison de leurs intrications avec les systèmes bancaires. Elles font partie des rares acteurs financiers qui peuvent créer ou participer avec une relative aisance à la création de bases de données pour les investisseurs. Cela permettrait également, selon la note précitée des autorités françaises, de « limit[er] [...] l'écoblanchiment et encourage[r] l'émergence de nouveaux modèles d'affaires et d'approches innovantes ».

Par conséquent, la question est celle de savoir comment les banques centrales peuvent exploiter leur réputation et leur poids économique et informationnel afin de rendre la finance verte *mainstream*. L'article de 2019 intitulé « The Potential Contribution of Central Banks to Green Finance » explore cette question et soulève d'excellents points en remarquant que les banques centrales ne devraient pas seulement s'appuyer sur leurs propres politiques ni sur l'arsenal juridique national (souvent rudimentaire), mais qu'elles devraient coopérer avec les parties prenantes (les investisseurs, les institutions financières et non-financières, et même les ménages). En d'autres termes, elles devraient agir comme une plateforme de rencontre entre les entreprises, le système bancaire et les investisseurs externes. Leur argument principal est le suivant :

> « Les examens et certifications externes augmentent la confiance des investisseurs et apportent la crédibilité

---

[77] AMF, Banque de France (2020), ''Reponse des autorites francaises a la consultation de l'UE sur la strategie renouvelee pour la finance durable''. La traduction est nôtre.

nécessaire, facilitant ainsi la croissance du marché et les innovations[78] »

La Mongolie s'est engagée dans cette voie depuis le milieu des années 2010. Après avoir abandonné ses travaux sur la finance verte en 2013, comme nous l'avons montré plus haut, le gouvernement a lancé en 2016 l'Initiative de finance durable avec pour objectif de « développer un ensemble de principes de finance durable en partenariat avec la Banque nationale du Cambodge et le ministère de l'Environnement ». Il y est parvenu en exploitant sa crédibilité et en invitant toutes les parties prenantes à la table[79]. Le fait que la banque centrale ait bénéficié dès le début du projet du soutien total du ministère des Finances a contribué à convaincre les acteurs financiers du sérieux de l'initiative. La méthode de la Mongolie s'est inspirée de celle mise en place par la banque centrale d'Australie ; comme l'a noté la banque centrale de Mongolie dans son rapport de 2016, l'Australie avait manœuvré de telle sorte qu'elle avait capitalisé sur la crédibilité de sa banque centrale et la notoriété de la recherche que cette banque menait déjà à l'époque pour convaincre le système bancaire tout entier de coopérer. Cette gestion a été jugée comme une « référence en termes de bonnes pratiques » par les autorités mongoles[80].

Le Royaume du Maroc a également été prompt à agir en utilisant tout le poids de sa banque centrale sur les marchés. L'action des pouvoirs publics a été facilitée par le fait qu'il existait une compréhension commune des conséquences du changement climatique sur l'agriculture du pays et que la banque centrale était un acteur crédible depuis longtemps. Dans « Greening the financial system », les auteurs font valoir que « le Maroc [...] est particulièrement vulnérable aux effets du

[78] Breitenfellner, A., Pointner, W., Schuberth, H. (2019), "The Potential Contribution of Central Banks to Green Finance", German Institute for Economic Research

[79] Green Finance Platform (2016), "Cambodian Sustainable Finance Initiative", publication de blog

[80] The Association of Banks in Cambodia (2019), "Cambodian Sustainable Finance Principles Implementation Guidelines"

changement climatique [...] Cette vulnérabilité a nécessité une révision complète de la stratégie environnementale du Maroc et une transition vers une économie plus écologiquement responsable afin de renforcer sa résilience climatique ».

Le dernier moyen pour les banques centrales d'exploiter la crédibilité dont elles jouissent sur les marchés est la lutte contre l'inflation. Les banques centrales peuvent être des acteurs crédibles pour lutter contre l'inflation lorsque le gouvernement a perdu sa capacité et sa crédibilité pour agir sur sa politique fiscale ou sur les anticipations des agents économiques. Le contrôle de l'inflation est l'une des principales tâches que les banques centrales accomplissent aujourd'hui sur les marchés émergents, qui sont sujets à des flambées récurrentes des prix. Le changement climatique va générer des pics de prix en raison de catastrophes météorologiques qui briseront les chaînes d'approvisionnement et provoqueront des pénuries. La reconnaissance du fait que le changement climatique constitue une menace pour la stabilité des prix de l'énergie et des denrées alimentaires doit conduire les banques centrales à agir en ce sens[81].

[81] Dikau, S. and Volz, U. (2018), "Central banking, climate change and green finance", *Asian Development Bank Papers*

Chapitre 3.
Définir une boîte à outils économique pour un usage macro et microéconomique

Les banques centrales peuvent et doivent prendre une part active à la mise en œuvre et à l'accompagnement de la finance verte dans les pays en développement. Les banques centrales ont l'expérience de la politique monétaire et certaines pratiquent déjà activement la réglementation microprudentielle et macroprudentielle. Cependant, l'ajout d'un mandat pour les banques centrales, celui d'atténuer le changement climatique et d'être de véritables acteurs d'un nouveau système financier plus vert, pose le problème fondamental des outils qu'elles peuvent utiliser[82].

En effet, la boîte à outils actuelle des banques centrales est le fruit des développements de la nouvelle économie classique (NEC), qui a succédé à l'école monétariste, ainsi que de la nouvelle économie keynésienne (NEK). Or, ces deux écoles, nées dans les années 1980 et qui ont crû dans les années 1990, n'abordaient pas à l'origine les questions liant le système financier et l'environnement. Les banques centrales ne sont par conséquent pas encore vraiment dotées, aujourd'hui, des outils qui leur permettent d'agir directement face à ces menaces, quoique des outils actuels pourraient être utilisés s'ils étaient adaptés. Fort heureusement, les économistes des banques centrales, souvent de haut niveau, et peu importe leur école de pensée d'affiliation, travaillent aujourd'hui sur le sujet.

Si l'économie n'est pas une science dans le sens poppérien du terme, les économistes ont dégagé un ensemble de « règles » qui, de manière plus ou moins forte, pèsent sur les prises de décisions et les actions des agents économiques. Une des plus célèbres est

[82] Dwivedi, D., (2015), *Macroeconomics: Theory and Policy*, McGraw Hill Education

la « règle de Tinbergen », selon laquelle le nombre d'outils utilisés par une banque centrale doit être égal, en nombre, aux objectifs poursuivis[83]. Chaque outil doit donc être utilisé pour réaliser ce qu'il est le plus à même de réaliser. Cela pose toutefois, dans notre réflexion sur le « *green central banking* », un problème d'outils et de méthodes que nous devons résoudre. La règle, en effet, rend nécessaire la création de nouveaux instruments de politique monétaire. L'agence des Nations unies pour l'environnement avait raison d'écrire que « lorsque l'on discute de l'opportunité pour les banques centrales d'intégrer des objectifs de durabilité, il sera important d'analyser dans quelle mesure ceux-ci peuvent être inclus dans un ensemble des politiques qui soit cohérent et efficace »[84]. Malgré cela, très peu d'articles ont été publiés, à ce jour, sur les instruments de politique monétaire verte des banques centrales. Nous allons regrouper les résultats des dernières recherches afin de définir une boîte à outils que les banques centrales peuvent utiliser pour soutenir et stimuler la finance verte.

3.1 Politique monétaire verte dans le contexte d'une banque centrale dépendante

La composante cyclique des économies capitalistes a été bien documentée au fil des ans. La finance connaît des cycles d'expansion et de récession. Ils dépendent de multiples facteurs, parmi lesquels l'investissement, le crédit, les taux d'intérêt et la stabilité politique. Ces cycles font des banques centrales des acteurs adéquats ; elles assument depuis longtemps le rôle de stabilisateur du cycle. Comme Sachs *et al.* le notent dans le tout premier chapitre du *Handbook of Green Finance*, la volatilité de la finance verte fait des banques centrales des agents de choix, en

---

[83] Cette règle a été amendée par Robert Mundell quelques années plus tard. Selon lui, « atteindre un objectif donné exige un instrument efficace, et atteindre plusieurs objectifs indépendants et variés exige un nombre au moins égal d'instruments efficaces » (Mundell, R. (1968), *International Economics*, New York: Macmillan)

[84] Collectif (2017), "On the Role of Central Banks in Enhancing Green Finance", UN Environment

particulier dans les pays où elles sont dépendantes du pouvoir politique[85].

3.1.1 Crédit vert et taux d'intérêt verts

Les marchés de capitaux sont le système nerveux des marchés financiers. Leur rôle, celui d'être un lieu d'échange de capitaux à long terme, les rend très importants dans le financement de l'économie et donc, par extension, de la transition écologique à venir. Ces marchés peuvent permettre aux investisseurs engagés de diriger leurs fonds vers des projets qu'ils jugent avoir un impact écologique positif. Dans la note précitée de la Banque de France et de l'Autorité des Marchés Financiers, les autorités françaises prennent fermement position sur le sujet et appellent à la création de nouveaux outils pour accompagner l'essor de la finance verte dans les marchés émergents :

> « L'urgence climatique [...] nécessite d'orienter les investissements vers une transition hors des modèles intensifs en carbone. Il est essentiel d'augmenter la panoplie d'outils financiers qui peuvent faciliter l'accès des entreprises aux financements. C'est pourquoi il semble particulièrement important de développer la titrisation d'actifs verts et les obligations vertes. La titrisation de prêts immobiliers verts permettrait de cibler le plus grand nombre d'investisseurs[86] »

Or, les pays en développement sont caractérisés par des marchés de capitaux sous-développés, c'est-à-dire peu « profonds » (les capitaux ne sont pas assez abondants pour répondre aux besoins de financement qui, on l'a vu, sont nombreux) et difficilement accessibles. Cela ralentit considérablement les possibilités de financement d'une transition rapide, et oblige de l'étaler sur le long terme ; et le manque de capitaux et l'incertitude qui entoure leur approvisionnement futur désincite les acteurs à enclencher la dynamique. Les banques centrales peuvent mettre en place, et certains l'ont déjà fait, des

---

[85] Sachs, J., Thye Woo, W., Yoshino, N., Taghizadeh-Hesary F. (2019), in *Handbook of Green Finance* (Ed. Sachs, J.), Springer Editions

[86] La traduction est nôtre.

mécanismes et des règles visant à favoriser la publicisation de l'empreinte carbone des investissements, et agir de manière à atténuer les effets négatifs potentiels de la transition. Certains pays, comme la Chine, ont traité le problème en créant des incitations pour que les banques octroient du crédit spécifiquement aux entreprises ayant des projets de décarbonation ou des projets utilisant des sources d'énergie alternatives. L'expression de « crédit vert » a été créée pour désigner cette pratique du crédit octroyé pour des projets de réduction d'émissions, et, plus largement, pour des projets visant à lutter contre le dérèglement climatique. Une initiative conjointe du gouvernement et de la banque centrale a conclu à la nécessité d'établir des lignes directrices fortes et impératives pour la mise en œuvre de quotas de crédit vert. En promulguant leurs lignes directrices sur les crédits verts, ils ont obligé les banques à octroyer un certain montant de leur crédit sous la forme de crédits verts. Cela explique la croissance rapide des crédits verts dans le système bancaire chinois, qui « représentent désormais environ 10 % des portefeuilles des 21 premières banques chinoises »[87].

Le Bangladesh n'a pas créé une ligne directrice aussi élaborée que celle de la Chine, mais, de manière similaire, il a mobilisé sa banque centrale afin de décider d'un « objectif de crédit vert » annuel. L'objectif a été fixé comme un minimum, afin qu'il n'y ait pas de plafond, en espérant que ce montant plancher soit dépassé. En 2019, 5% des prêts totaux au Bangladesh sont destinés à financer des projets verts[88]. Dans le *Handbook of Green Finance*, Hussain note que :

> « Bien que le Bangladesh n'ait pas encore adopté de stratégies de financement vert inclusives, la Bangladesh Bank a encouragé le financement vert par le biais de régimes de refinancement concessionnels et de quotas de crédit pour les institutions financières, ainsi que par la formulation de lignes

[87] Hussain, F. (2020), "Green loans: Financing the transition to a low-carbon economy", *World Bank Blog*

[88] *Ibid.*

directrices pour les banques vertes et les projets de transformation sectoriels soutenus par les donateurs[89] »

Les quotas ont été perçus par certains pays comme étant dangereux pour l'activité bancaires du fait de leur caractère restrictif et impératif. Certains États ont considéré que l'imposition d'un quota était nécessairement néfaste car estimer le « bon » quota exigerait de recourir à l'arbitraire ; ainsi, l'imposition d'un quota ne pourrait que nuire au secteur bancaire, ce que les pays émergents, qui s'appuient beaucoup sur des banques souvent débordées, ne peuvent risquer. C'est pourquoi certains pays ont décidé de ne pas imposer de quota, mais de s'appuyer sur des incitations. C'est le cas de l'Indonésie. Son autorité de régulation financière, l'OJK, a lancé en 2014 une « Feuille de route pour la finance durable », qui était la première tentative sérieuse du pays pour rendre son système financier plus vert. Comme l'écrit le PNUE, la feuille de route couvrait les institutions financières dans toute leur diversité et de manière globale (« secteur bancaire, marchés des capitaux et services financiers non bancaires »). Elle met en place « des mesures visant à accroître l'offre de financements durables par le biais d'un soutien et d'incitations réglementaires, de prêts ciblés et de systèmes de garantie, de modèles de prêts verts, d'obligations vertes et d'un indice vert ». Un document de recherche publié par la SOAS explique le succès du programme indonésien par l'implication forte de sa banque centrale, elle-même explicable par la tradition étatique de la politique indonésienne qui a fait depuis longtemps des pouvoirs publics (l'État et sa banque centrale) des acteurs majeurs :

> « En ce qui concerne la croissance verte et l'attribution de crédits, les traditions existantes en matière d'intervention financière façonnent l'approche du pays. Les banques centrales qui se sont engagées par le passé dans des politiques centralisées d'allocation de crédit - l'Inde et le Bangladesh en tête - ont ajouté des catégories à leurs programmes de prêts

---

[89] Hossain, M. (2019), "Green Finance in Bangladesh", in *Handbook of Green Finance* (Ed. Sachs, J.)

prioritaires existants pour les projets verts, en particulier les projets d'énergie renouvelable »

Ainsi, toujours selon le papier :

« Au Bangladesh, par exemple, on estime qu'environ 10% de la population a bénéficié du programme de refinancement vert de la banque centrale pour l'installation de systèmes solaires domestiques »

La tentative de la Malaisie a été moins fructueuse. Au lieu d'opter pour une obligation (avec quota impératif), elle a eu la main molle et a décidé de ne créer que des incitations relativement faibles. Le fait que le gouvernement ait décidé d'exclure sa banque centrale de la négociation, et de n'utiliser que les services de son ministère de l'Economie, offre un début d'explication. Les hauts fonctionnaires malais étaient ainsi seuls à la table des négociations avec vingt-huit banques et institutions financières parmi les plus importantes du pays et de la région, sans disposer des données de la banque centrale. Le ministère des Finances a créé le « Green Technology Financing Scheme » pour faciliter, théoriquement, l'orientation des flux de financement vers des projets respectueux de l'environnement, mais il n'a jamais créé de quota pour les banques. Comme l'a noté la Banque mondiale dans un rapport ultérieur, le programme offrait certes des opportunités aux investisseurs, mais fonctionnait à partir d'un système relativement complexe à base d'incitations fiscales :

« Le programme offre aux emprunteurs un rabais de deux pour cent sur le total des intérêts facturés par les banques pour les projets verts éligibles ainsi qu'une garantie de 60 pour cent du total du prêt approuvé[90] »

Le régime a effectivement stimulé le crédit vert, puisqu'environ 875M$ de prêts verts ont été accordés entre 2017 et mi-2018, somme non négligeable pour cette région du monde.

---

90 *Ibid.*

Cependant, le volume total des prêts n'a jamais égalé celui de la Chine ni du Bangladesh en termes relatifs.

3.1.2 Ciblage quantitatif et assouplissement quantitatif vert

La politique monétaire recourt aujourd'hui massivement à des outils qui étaient autrefois considérés comme « non conventionnels », ou dont l'utilisation, ancienne, est aujourd'hui d'une telle ampleur qu'on en vient à les considérer comme tels. L'assouplissement quantitatif ou (« *quantitative easing* ») est l'un de ces outils qui ne sont pas fondamentalement nouveaux, mais dont l'ampleur les rend inédits. Le « QE » est la politique par laquelle une banque centrale achète une grande quantité d'actifs à long terme, notamment des obligations, afin d'injecter des liquidités dans le système financier et de faire baisser les taux d'intérêt de long terme. Ce faisant, la banque centrale lutte contre l'assèchement de la liquidité, réinstaure la confiance dans le système financier et dans les valeurs obligataires et réduit le coût de financement des Etats et des entreprises (*via* la baisse des taux d'intérêt de long terme). L'assouplissement quantitatif est principalement utilisé dans les situations les plus difficiles, comme des crises économiques d'ampleur. On ne s'étonne pas que les autorités monétaires aient immédiatement enclenché de telles politiques durant la crise économique provoquée par la Covid-19.

Malgré tout cela, cet outil n'a pas été autant utilisé dans les pays en développement. Seuls une douzaine de programmes y ont été mis en œuvre, et ils étaient à chaque fois de bien moindre envergure. Cela est dû à ce que les rachats massifs d'actifs ont tendance, dans les pays émergents, à augmenter le niveau des prix des actifs d'une telle manière que, par une boucle de rétroaction, une inflation forte est générée dans le système financier et se transmet rapidement à l'économie réelle. La stagnation économique et les pressions déflationnistes, ainsi que les défauts d'appariement du crédit bancaire, empêchent fort heureusement les programmes de QE européens de générer des épisodes inflationnistes dans l'économie réelle – ce qui, tout bien pesé, est peu rassurant quant à la santé économique du Vieux continent. Quoiqu'il en soit, l'assouplissement quantitatif n'est pas encore entré dans les mœurs des banquiers centraux des pays en développement, bien que plusieurs observateurs considèrent que le temps fera son effet et que le QE y jouera bientôt un rôle plus grand.

Les banques centrales ont un rôle important à jouer dans l'encadrement et la promotion des actifs verts, comme nous l'avons vu précédemment. Mais il ne s'agit pas seulement d'une question de réglementation et de taxonomie. L'assouplissement quantitatif signifie que la banque centrale achète des actifs (principalement des obligations) en grande quantité afin de faire baisser leur taux d'intérêt (c'est-à-dire, aux yeux des investisseurs, leur rendement). De plus, les achats de la banque centrale, lorsque cette dernière a bonne réputation aux yeux des investisseurs, font baisser la prime de risque des obligations. C'est ce qui s'est passé pour des pays comme la Grèce, dont les taux d'intérêt ont chuté de façon spectaculaire lorsque la Banque centrale européenne a annoncé que les obligations du Trésor grec seraient éligibles à son programme d'assouplissement quantitatif en 2020[91]. Il était donc logique que les économistes tentent de conceptualiser un assouplissement quantitatif écologique.

Dans « Climate Change, Financial Stability and Monetary Policy », Yannis Dafermos, Maria Nikolaidib et Giorgos Galanis ont soutenu que « le programme d'assouplissement quantitatif des entreprises vertes peut réduire l'instabilité financière induite par le climat et limiter le réchauffement de la planète », pour autant que les banques centrales « annoncent séparément le montant des obligations conventionnelles et des obligations vertes » qu'elles souhaitent acheter. L'article décrit une chaîne de cause à effet que le GPERC a reproduite dans un Policy Brief

[91] Panagiotis, E., (2020), *The New Political Economy of Greece Up to 2030*, Palgrave Macmillan

publié en 2017[92]. Elle illustre les mécanismes de transmission d'une éventuelle politique d'assouplissement quantitatif vert :

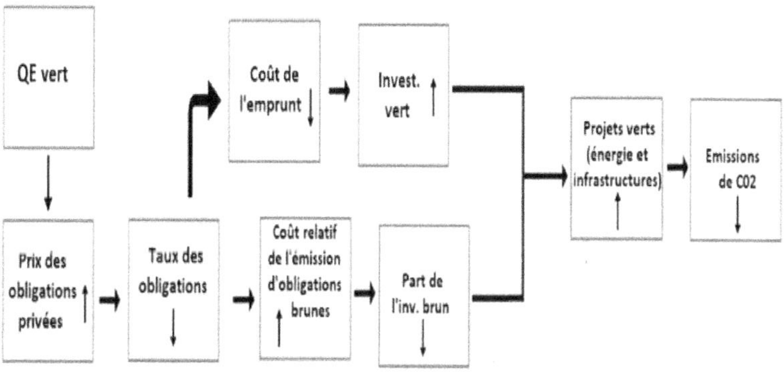

Source : L'auteur, à partir des conclusions de Dafermos *et al.* et de celles du rapport du GPERC

Le Policy Brief ajoute que la différence majeure entre l'assouplissement quantitatif vert et l'assouplissement quantitatif classique est que le premier est plus « ciblé », c'est-à-dire qu'il a vocation à être plus restreint que l'assouplissement quantitatif ordinaire. Ce dernier vise à renforcer la croissance économique, tandis que l'objectif premier du QE vert est de « stimuler l'activité économique dans le secteur vert » uniquement. Le rapport conclut que « des recherches récentes montrent qu'un programme d'assouplissement quantitatif vert impliquant l'achat d'obligations d'entreprises vertes peut effectivement réduire le réchauffement climatique. Néanmoins, le programme sera plus efficace si les investissements verts réagissent fortement aux variations des taux d'intérêt ».

Ainsi, si elle accepte d'acheter des actifs verts, ou si elle annonce qu'elle achètera en priorité des actifs verts, les banques

[92] Dafermos, Y., Nikolaidi, M. and Galanis, G. (2018), "Climate change, financial stability and monetary policy", *Ecological Economics*, Vol. 152

centrales peuvent inciter les investisseurs à abandonner certains actifs dont la valeur s'apprête à baisser et à se déporter vers les actifs verts dont la valeur est sur le point d'augmenter. Cette solution semble particulièrement intéressante car les actifs verts sont souvent considérés comme risqués, voire plus risqués que les obligations ordinaires, ce qui les fait perdre en valeur et décourage les investisseurs. Les investissements à long terme ont tendance à effrayer les investisseurs, d'autant plus dans les pays en développement où la stabilité politique à long terme n'est pas assurée.

Comme indiqué précédemment, le principal problème en termes de faisabilité est que les banques centrales des pays en développement n'ont pas nécessairement la volonté de lancer des programmes d'assouplissement quantitatif. Les marchés émergents n'ont pas de tradition d'assouplissement quantitatif ; l'Occident ne s'y est vraiment mis qu'en 2008. Cependant, les récessions induites par la Covid-19, ainsi que les augmentations dramatiques des primes de risque, ont incité les banques centrales des pays émergents à finalement mettre en place leurs propres programmes d'assouplissement quantitatif. Une étude réalisée par Euler Hermes pendant la crise Covid, intitulée « Quantitative Easing in Emerging Markets : Playing With Fire ? », note que :

> « 16 banques centrales des marchés émergents ont annoncé qu'elles étaient prêtes à s'engager dans des achats d'obligations d'État, si nécessaire. Treize d'entre elles ont déjà commencé ce type d'assouplissement quantitatif [...] En raison de ces programmes d'achat d'obligations, les rendements des obligations d'État à long terme dans notre échantillon de pays émergents ont diminué de -48 pb en moyenne à la fin avril par rapport à la fin mars[93] »

L'ouvrage de 2017 *Politiques économiques depuis la crise financière mondiale* propose également que les banques centrales « achètent des obligations vertes auprès des banques de développement », ou d'autres types de banques d'investissement

[93] Huang, F., Ozyurt, S., Stamer, M. (2020), "Quantitative Easing in Emerging Markets: Playing With Fire?", Allianz Research

qui détiennent des actifs verts, dans le cadre de leur programme d'assouplissement quantitatif. Ces banques ont en effet une relation étroite avec les entreprises et les projets verts, ce qui leur permet d'être approvisionnées en actifs. Comme nous le verrons plus tard, les pays en développement doivent créer des banques d'investissement à l'image de la Banque européenne d'investissement ou, mieux encore, des banques d'investissement vertes, pour faciliter l'acheminement de fonds vers des projets verts[94].

Les détails de la mise en place d'un QE vert et les règles qu'il respecterait sont discutés dans certains articles universitaires, même si le sujet reste très spécialisé. Certains groupes de réflexion tels que Positive Money ont proposé un plan selon lequel les banques centrales vendraient les obligations « brunes » qu'elles possèdent afin d'acheter des obligations vertes sur le marché ou auprès de leur banque de développement. Cette solution pose toutefois quelques problèmes. La mise en œuvre d'une restriction du pourcentage d'actifs « bruns » pourrait nuire à l'économie tout en n'atteignant pas ses objectifs. Comme le souligne Stanislas Jourdan, directeur de Positive Money Europe, dans le *Financial Times* :

> « Fabio Panetta, candidat au directoire de la BCE, [...] a récemment fait remarquer qu'étant donné la petite taille du marché des obligations vertes, la BCE "avalerait" très rapidement l'ensemble du pool disponible d'obligations vertes si elle concentrait ses achats sur celles-ci. Cette objection est valable dans le sens où le marché des obligations vertes est effectivement petit pour une institution qui a jusqu'à présent acheté plus de 2,6 trillions d'euros de dette[95] »

Le QE vert se trouverait donc rapidement confronté à une pénurie d'actifs. Cela nécessite, comme nous le verrons prochainement, que les banques centrales aident à développer des

---

94 Arstis, P., Sawyer, M. (2017), *Economic Policies Since the Global Financial Crisis*, Springer International Publishing

95 Jourdan, S. (2019), "Green QE is about more than buying climate-friendly bonds", *Financial Times*

actifs verts. Cependant, l'une des principales interrogations concernant l'assouplissement quantitatif vert est que nous ne sommes tout simplement pas sûrs qu'il fonctionne. Comme il n'a jamais été essayé à grande échelle, aucune validation empirique n'est possible pour le moment. Certaines simulations ont toutefois été effectuées, notamment par la Banque centrale européenne. Elle a trouvé des résultats très légers après des simulations au cours desquelles elle a testé divers scénarios divergents. Nous récapitulons ici les différents scénarios testés et leurs résultats[96] :

	Scénario 1	**Scénario 2**	**Scénario 3**
Action	Acheter obligations vertes, vendre obligations brunes	Choc de demande lié au QE (achats exclusifs d'obligations vertes)	Choc de demande lié au QE (achats de tous types d'obligations)
Résultat	« Des coûts d'emprunt plus élevés, et une production plus faible pour les entreprises polluantes »	« L'effet expansionniste [de la politique monétaire] stimule également la production polluante durant la première période » → Δ+ pollution	
Effet	Emissions Δ- Effet final : négligeable	Effets non-significatifs	Différence faible avec le scénario 2

Ces simulations ont été partiellement confirmées par les modèles E-DSGE[97] utilisés par Maria Teresa Punzi dans le *Handbook of Green Finance*, qui ont montré que le QE vert avait

[96] Ferrari A., Nispi Landi V., (2020), "Whatever it takes to save the planet? Central banks and unconventional green policy", *ECB Working Paper*

[97] Des modèles macro-économétriques calibrés pour prendre en compte des variables écologiques. Nous y reviendrons.

un résultat positif, mais dans des cas rares et bien spécifiques. Elle note qu'une telle politique monétaire expansionniste « n'entraînait qu'un faible impact sur la production [polluante] » et conclut que « seul un choc financier positif pour les entreprises à faibles émissions peut stimuler la production et le crédit pour le secteur vert ». En d'autres termes, il est nécessaire de passer par des achats d'actifs à des entreprises vertes pour avoir un effet positif, et vendre des actifs bruns n'aura pas ou peu d'effet, voir un effet négatif ; or, pour que l'achat d'actifs verts ait un effet positif, il faut que les achats soient en grande quantité, ce qui n'est pas possible en l'état actuel des choses, et ne le sera que si des réformes structurelles et des incitations politiques sont créées pour faire atteindre à la finance verte un stade de maturité dont il est encore loin. L'article soutient ainsi qu'il convient de s'intéresser à d'autres pistes plus prometteuses ; l'auteur considère que « des exigences de capital différenciées peuvent aider à soutenir le financement vert », plus que l'assouplissement quantitatif lui-même. Nous reviendrons sur les tenants et les aboutissants de ces exigences de capital différenciées[98].

La Banque asiatique de développement s'est aussi montrée critique au sujet du QE vert. Elle a utilisé des modèles E-DSGE pour simuler des chocs monétaires positifs (c'est-à-dire, des achats massifs) et a conclu par la négative : le canal du crédit empêcherait le QE vert d'atteindre ses objectifs. En effet, lorsque le taux d'intérêt chute, la production des entreprises brunes augmente, et cela les conduit à investir et emprunter davantage, or :

> « les banques sont plus disposées à accorder des crédits aux entreprises non vertes qu'aux entreprises vertes, car ces dernières sont considérées comme plus risquées. Par conséquent, les entreprises vertes obtiennent moins de crédit et leur production n'augmente que pendant une période, puis diminue par la suite en raison de leur moindre accès aux financements externes »

---

[98] Punzi, M. (2019), "Role of Bank Lending in Financing Green Projects - A Dynamic Stochastic General Equilibrium Approach" in *Handbook of Green Finance* (Ed. Sachs, J.)

Ces résultats ont encouragé de nombreuses banques centrales, notamment dans les pays en développement, à ne pas développer l'assouplissement quantitatif vert. La banque centrale d'Afrique du Sud, par exemple, a publiquement fait part de ses doutes sur la pertinence de l'assouplissement quantitatif vert et a décidé de ne pas mettre en œuvre de telle politique[99]. Elle a soulevé des inquiétudes liées aux effets négatifs de l'assouplissement quantitatif vert. La question de leurs effets potentiels reste toutefois ouverte tant que nous ne disposerons pas d'expérimentations.

On remarque toutefois, et cela est important pour la suite, que les actifs « verts » souffrent de ce que certains auteurs ont appelé un « *greenium* ». Le mot est une contraction de « green » et de « premium ». Le « premium » désigne, en finance, la prime de risque d'un actif, c'est-à-dire le coût supplémentaire engendré par le fait que l'actif est considéré comme risqué. Certains actifs sont considérés comme « sans risque », (par exemple, les titres de dette publique allemande de court terme) ; la prime de risque désigne le surplus de coût de l'actif pour l'émetteur qui est lié au fait que son actif n'est pas considéré comme sans risque. L'existence d'un « *greenium* », montrée par plusieurs études, nous donne deux indications. Premièrement : les actifs financiers verts sont, globalement, risqués, et donc, font fuir les investisseurs. Deuxièmement : ce surcoût lié au risque rend plus coûteuse l'émission d'actifs verts, ce qui freine leur développement. Toutefois, la présence de « *greenium* » fait l'objet de débats – Dafermos et son équipe, ainsi que le Climate Bonds Initiative, n'en ont pas trouvé de significatif[100]. L'incertitude qui entoure l'assouplissement quantitatif vert et les questions qui s'y rapportent est due au manque de données et montre à quel point la finance verte et la banque centrale verte sont des sujets d'investigation nouveaux.

---

[99] Stewart, L. (2020), "South African governor warns against QE", *Central Banking*

[100] Climate Bonds Initiative (2020), "Green Bond Pricing in the Primary Market: January - June 2020", *Climate Bonds Initiative Papers*

3.1.3 Développer les actifs verts

Les marchés financiers permettent des échanges d'actifs de manière rapide et transparente. Les actifs verts, comme nous l'avons vu, peuvent être définis de nombreuses façons. Ils sont divers et hétérogènes. Par souci de simplicité, nous nous baserons sur la catégorisation la plus simple mise en place par AXA, la plus grande compagnie d'assurance au monde. Elle répertorie les actifs verts en deux catégories : d'une part, les actifs verts les plus conventionnels (« obligations vertes, infrastructures vertes et immobilier vert »), et d'autre part, les non-conventionnels (« actions cotées, les prêts et le capital-investissement »).

Parmi tous ces instruments, les obligations vertes ont été les premiers grands actifs verts à percer dans le système financier. Ces obligations, dont le seul but doit être de financer des projets verts, sont définies comme vertes *ex ante*. Elles sont censées être bénéfiques au climat, mais il est possible qu'elles génèrent en réalité des externalités négatives involontaires liées à la pollution. Peu de pays en développement ont créé et appliqué des directives relatives aux obligations vertes suffisamment détaillées pour limiter l'écoblanchiment, ce phénomène pernicieux par lequel des actifs financiers polluants sont catégorisés comme « verts ». La Chine et l'Inde, comme le note Sachs dans son *Handbook*, ont très tôt mis en place des typologies vertes parce qu'elles voulaient être les premières sur le marché dans ce domaine. Mais dans la plupart des pays africains, n'importe quelle obligation peut être étiquetée « verte » sans vérification externe. Comme nous l'avons expliqué, les banques centrales peuvent contribuer à la définition et à la taxonomie des actifs financiers verts de manière à réduire le *greenwashing* et la prolifération de faux actifs verts – mais encore faut-il qu'il y ait une volonté politique.

Certains chercheurs ont fait valoir que la coordination des autorités publiques, y compris des banques centrales, et la mise en œuvre précoce de lignes directrices vertes, ont été un facteur clef pour stimuler l'offre et la demande d'obligations vertes. Dans une étude de 2017, Torsten Ehlers et Frank Packer plaident en faveur de la création de taxonomies stables pour les actifs verts qui pourraient être applicables dans le monde entier, et fondent leur raisonnement sur la création des Green Bond Principles (GBP) en Europe, qui avaient une ambition plus grande que celle d'être un simple ensemble de principes pour les pays européens. La publication des GBP a été, selon eux, « un catalyseur clef pour le développement ultérieur » des obligations vertes. Il est vrai que le fait que l'UE, qui est à l'avant-garde des questions environnementales, ait fait de grands pas dans le domaine de la finance verte, a conduit de nombreux autres pays à s'intéresser aux résultats de leurs recherches.

Même si les principales initiatives sont venues des pays occidentaux, certains pays en développement comme l'Inde et la Chine ont joué un rôle déterminant dans le développement des actifs verts. Ils ont rapidement établi des normes relatives à la finance verte, avec une forte participation de leurs banques centrales, et ont été parmi les plus grands émetteurs d'obligations vertes dans les années qui ont suivi. En 2014, ils représentaient un peu plus de la moitié de toutes les émissions d'obligations vertes[101]. Le secteur privé lui-même, en émettant des actifs verts, a largement contribué à les populariser, à les faire entrer dans une forme de « mainstream » ; l'époque où les actifs verts étaient regardés avec suspicion et incompréhension est en majeure partie finie. Le plus gros émetteur reste une entreprise occidentale, le Crédit agricole, avec 13 % de la part de marché mondiale de 2012 à 2015[102].

Chose intéressante, remarquée par la BCE dans son rapport « Positively green », les actifs verts ont été principalement développés par les autorités publiques, ou grâce à elles. Ces actifs étant risqués au-delà de ce que le marché propose en moyenne, il était nécessaire que les premiers émetteurs soient des institutions fortes et solides, bien ancrées dans les marchés financiers, qui puissent couvrir des pertes dans le cas où l'opération était un échec. Cela plaide une fois de plus en faveur d'une plus grande implication des banques centrales, et des banques de

---

[101] Cheung, F., Hong, Y. (2020), Green Finance, Sustainable Development and the Belt and Road Initiative, Taylor & Francis

[102] OECD (2017), *Green Finance and Investment Mobilising Bond Markets for a Low-Carbon Transition*, Publications de l'OCDE

développement, dont l'*impetus* semble nécessaire ou, dans tous les cas, très favorable au lancement d'obligations.
Les auteurs du rapport de la BCE ont utilisé des données issues, principalement, du Climate Bonds Initiative, et ont à partir d'elles produit un graphique qui montre la proportion d'émissions d'obligations vertes dans l'UE par des acteurs publics et privés. Il témoigne de la prédominance nette des acteurs publics dans les premières années de l'ouverture du marché, avec une inversion progressive du rapport. Dès le dernier trimestre 2019, le secteur privé émet 50% ou plus des *green bonds* de l'UE.

Le deuxième problème concernant le développement des actifs verts réside dans leur désirabilité. Les investisseurs cherchent généralement à équilibrer les rendements et les risques ; les actifs à rendement élevés sont risqués, les actifs les moins risqués ont comme contrepartie un rendement faible. Comme on l'a vu, les obligations vertes ont tendance à être plus risquées que les obligations classiques, ou, dans tous les cas, elles ont tendance à être *considérées* comme telles. L'étude intitulée « Does it Pay to Be Green ? », réalisée par des économistes français et canadiens, conclut dans le sens inverse : selon eux, les actifs verts ont souvent des rendements inférieurs aux actifs normaux, donc une prime de risque plus faible, mais sont dès lors considérés comme moins intéressants pour les investisseurs. L'étude admet que les données mobilisées peuvent être imparfaites, et qu'il s'agit donc de prendre les conclusions de l'étude *cum grano salis*[103]. Dans « Differences Between Green Bonds Versus Conventional Bonds An Empirical Exploration », les auteurs effectuent quelques estimations et concluent que :

> « Les obligations vertes sont [...] en général moins liquides que les obligations conventionnelles, car de nombreux investisseurs en obligations vertes sont des investisseurs à long terme qui cherchent des incitations pour se protéger contre le risque d'inflation, le risque de défaut et la volatilité

[103] Ambec, S., Lanoie, P., (2008), "Does It Pay to Be Green? A Systematic Overview"

du marché »

Ils plaident en faveur de l'implication des pouvoirs publics, considérant que les actifs verts ne deviendront une part significative de l'ensemble des émissions d'actifs que si les États utilisent leurs politiques fiscales pour créer des incitations à l'investissement vert. Cela peut passer, disent-ils, par des « privilèges fiscaux », c'est-à-dire à une moindre taxation ou des crédits d'impôts pour les institutions financières qui se porteraient acquéreur d'actifs verts. Sinon, la banque centrale peut offrir des « garanties » liées au rachat d'actifs verts.

Le débat, bien sûr, ne s'est pas arrêté depuis. En 2019, une étude de Hyun *et al.*, qui a calculé la prime de rendement des obligations vertes pour les comparer aux obligations classiques, a indiqué qu'il n'y avait pas de prime de rendement ou de décote significative sur les obligations vertes, ouvrant la voie à ce que les obligations vertes soient progressivement considérées à égalité des obligations normales. En 2020, une méta-analyse intitulée « Survey of Green Bond Pricing and Investment Performance » a montré que les études sur l'existence ou nom d'un « *greenium* » ne s'accordaient pas ; aussi, que nombre d'entre elles aboutissaient à un résultat « mitigé », ou concluaient à l'existence d'un « *greenium* » dont le montant était moins important que prévu[104].

Malgré cela, le marché des obligations vertes se développe déjà. Selon les calculs du Climate Bonds Initiative, en 2017, plus de « 895 milliards de dollars d'obligations liées au climat étaient en circulation [...], comprenant des obligations vertes labellisées et non labellisées et s'élevant respectivement à 221 et 674 milliards de dollars ». On doit remarquer ici trois choses : d'abord, que les obligations vertes non labellisées sont les plus nombreuses, car l'absence de taxonomie stable permet à des entreprises polluantes de catégoriser comme vertes des obligations qui ne le sont que partiellement, voire pas du tout ;

[104] Liaw, T., (2020), "Survey of Green Bond Pricing and Investment Performance", *Journal of Risk and Financial Management*

ensuite, que cette apparente réussite ne doit pas occulter le fait que beaucoup de pays n'émettent pas d'obligations vertes ; enfin, que l'émission moyenne d'obligations vertes est souvent inférieure à celle des obligations classiques. Le *Handbook of Green Finance* de Jeffrey Sachs propose par exemple un tableau comparant, pour l'année 2019, le montant moyen de l'émission d'obligations vertes par opposition aux obligations conventionnelles. On observe que, pour chaque devise, les obligations vertes ont un montant inférieur.

La BCE a remarqué que le plus faible niveau d'émissions, qui est logique du fait du caractère récent et peu structuré des marchés financiers « verts », n'empêche pas une progression et un développement régulier et constant du volume d'actifs en circulation. Elle a fait remarquer que, tout de même, « les marchés financiers verts se développent rapidement à l'échelle mondiale », et que « les actifs des fonds ayant un mandat environnemental, social et de gouvernance (ESG) ont augmenté de 170 % depuis 2015 ». S'il est vrai que l'encours des obligations vertes de la zone euro a été multiplié par sept sur la même période, les pays en développement ont pris du retard[105].

3.2 Politiques microprudentielles vertes

Le microprudentiel est le nom donné à toutes les mesures qui sont prises par l'autorité financière régulatrice (généralement, la banque centrale) pour surveiller la bonne santé financière des banques et institutions financières, à travers des modélisations mathématiques complexes et des audits des comptes. La politique microprudentielle s'intéresse à chaque entité prise individuellement, contrairement à la politique macroprudentielle que nous traiterons plus loin.

La force du microprudentiel est de permettre un suivi personnalisé pour chaque banque. Outre la vérification de l'adéquation entre les caractéristiques du bilan de la banque avec

[105] Belloni, M., Giuzio, M., Kördel, S., Radulova, P., Salakhova, D., Wicknig, F. (2020), "The performance and resilience of green finance instruments: ESG funds and green bonds", *Financial Stabilty Review*

les accords internationaux et les lois et règlements bancaires, les banques centrales peuvent imposer aux banques un certain nombre de mesures, dont certaines pourront être utiles pour verdir le système financier international. L'arsenal microprudentiel a énormément évolué ces derniers temps, permettant de réguler l'exposition des banques individuelles à des actifs polluants ou à des actifs d'entreprises dont l'activité est mise en danger par le dérèglement climatique. Ce nouvel arsenal peut être adapté pour correspondre à l'objectif de verdissement du système bancaire.

3.2.1 Restrictions de l'exposition verte et exigences différenciées de capital

Les exigences de fonds propres sont une composante majeure de l'arsenal des banques centrales en matière de politiques microprudentielles. Ces normes réglementaires permettent aux autorités publiques ou à la banque centrale de réguler les liquidités que les banques doivent avoir à tout moment en fonction de leur volume de prêts. Ces exigences de fonds propres servent de filet de sécurité lorsque les banques sont confrontées à des défaillances de leurs clients ou à un risque d'insolvabilité : elles peuvent puiser dans les réserves accumulées pour se prémunir des défauts. Elles peuvent être adaptées tant à l'échelle microprudentielle qu'à l'échelle macroprudentielle, comme nous le verrons dans la prochaine sous-partie.

Il est possible d'envisager la mise en œuvre d'une politique qui permettrait d'abaisser les exigences de fonds propres pour les banques qui accordent des prêts à des entreprises ou à des projets verts de sorte à inciter les banques à consacrer une plus grande part de leur portefeuille aux actifs verts. Cette hypothèse a été testée avec des modèles DSGE incluant des paramètres environnementaux, les modèles E-DSGE. Ils constatent que la mise en place d'une exigence de fonds propres verts pour inciter les banques à acheter des actifs verts et délaisser les actifs bruns « devrait inciter les banques à accorder plus de crédits aux premières [les entreprises proposant des actifs verts] et moins aux secondes [qui proposent des actifs bruns] afin de protéger l'environnement d'une pollution excessive ». Les simulations montrent qu'une telle mesure « contribue à éviter les pertes des entreprises vertes, car elles peuvent accéder plus facilement au crédit du secteur bancaire »[106].

Les exigences différenciées sont un outil puissant en termes d'incitations. Elles permettent à la banque centrale de pousser les banques à utiliser leurs fonds pour investir dans des projets qui sont écologiquement bénéfiques pour tous, et à octroyer du crédit pour des projets innovants dans les domaines environnementaux. En effet, si, lorsqu'une banque octroie un crédit « brun », elle est obligée de mettre de côté plus de réserves que si elle octroyait un crédit « vert », elle tendra naturellement à favoriser ce dernier plutôt que ce premier. Certaines banques centrales ont déjà pris cette mesure. Parmi elles, la Banque du Liban. Avec sa circulaire 236 de 2013, elle a partiellement exempté les banques du ratio de réserves obligatoires dans le cas où elles investissent dans des projets écologiques, liés à l'énergie notamment. Elle a mis en place une réglementation microprudentielle qui permet à la banque centrale d'auditer les comptes des banques en rapport avec leur création de crédit « vert ». Ceci fait partie du projet NEEREA, le « National Energy Efficiency and Renewable Energy Action », qui est une politique de finance verte initiée par la Banque du Liban en 2010 et qui vise à développer la finance verte et les actifs financiers verts dans le pays du Moyen-Orient[107].

Le deuxième instrument que les banques centrales peuvent mettre en place est ce que l'on appelle des restrictions d'exposition. Elles existent déjà dans le système financier actuel. Dit simplement, une restriction d'exposition est une réglementation qui interdit aux banques d'être exposées à plus d'un certain montant d'un certain types d'actifs en fonction du montant des ressources dont la banque dispose. La logique est la suivante : si les banques sont peu exposées à certains actifs potentiellement nocifs, le risque qu'elles deviennent insolvables

---

[106] Punzi, M. T. (2018), "Role of Bank Lending in Financing Green Projects: A Dynamic Stochastic General Equilibrium Approach", *ADBI Working Paper Series*

[107] Mills, R., Sim, L.C. (2021), "Low Carbon Energy in the Middle East and North Africa", *Springer International Publishing*

le jour où ces actifs-là voient leur valeur s'écrouler est réduit. Ce mécanisme microprudentiel peut être adapté aux questions environnementales dès lors que la banque centrale met en place une restriction qui limite l'exposition des banques ou des institutions financières aux actifs fortement carbonés. La Banque asiatique de développement a noté dans l'un de ses rapports que « si l'objectif premier pourrait donc être de protéger les institutions financières contre une bulle de carbone, [...] [certains économistes] soutiennent que cet instrument pourrait également être utilisé pour affiner les restrictions de prêts et l'allocation de crédit ».

Le problème est que les accords de Bâle III imposent peu de restrictions en matière d'exposition. Les Documents économiques de la Ruhr ont travaillé sur le sujet et ont noté que, comme les accords de Bâle sont pour la plupart silencieux sur cette question, il serait compliqué de créer une version verte des restrictions d'exposition individuelles en l'état actuel de la réglementation internationale. « Les risques financiers liés au climat », ont-ils écrit, « sont définis de manière étroite, et les réglementations en matière de capital et de liquidité 3 [...] n'exigent pas explicitement des banques qu'elles évaluent l'impact des risques liés au climat (CRR) sur leurs expositions »[108]. Cela implique qu'il doit y avoir une volonté politique de faire bouger les choses et de mettre en œuvre de telles politiques, car les banques ne suivront Bâle III que par défaut et en en ayant une approche minimaliste, et non maximaliste.

Cela explique pourquoi les *guidelines* microprudentiels qui existent à ce jour dans le domaine sont volontaires et non contraignants. Les « principes de l'Équateur », par exemple, « qui sont essentiellement un outil de gestion du risque de crédit pouvant être utilisé pour identifier, évaluer et gérer les risques environnementaux et sociaux dans les opérations de financement de projets », ont été librement adoptés par des banques des

[108] D'Orazio, P., Popoyan, L. (2018), "Fostering green investments and tackling climate-related financial risks: Which role for macro prudential policies?", *Ruhr Economic Papers*, No. 778

marchés émergents afin d'autoréguler et « d'évaluer [...] les risques associés à l'exposition à leurs prêts ». Le rôle de la banque centrale, dans ce cas, est très faible, et se réduit à communiquer des informations aux banques. Il n'est pas non plus satisfaisant à long terme, car ces principes « manquent [...] de transparence et d'informations publiques » et souffrent d'un « contrôle inadéquat ». Ils ont néanmoins acquis une certaine popularité dans les pays en développement, puisque nombre d'entre eux (à l'exception de certains des plus avancés sur le sujet, l'Indonésie, le Bangladesh et la Chine) les ont adoptés. Ces pays ont décidé de mettre en œuvre leurs propres politiques microprudentielles, nationales, garanties par la banque centrale. C'est le cas de la Chine, où la banque centrale et la Commission chinoise de réglementation bancaire ont « élaboré des *guidelines* en matière de crédit vert sur la base de leur loi sur la réglementation et l'administration du secteur bancaire et de leur loi sur les banques commerciales ». Cela a permis la mise en place d'une forte surveillance de la part de la banque centrale, ainsi que le renforcement des lignes directrices en matière de crédit vert qui obligent les banques à se conformer à des règles vertes et à contrôler leur crédit vert[109].

Tout cela doit cependant être testé empiriquement. L'assouplissement des contraintes d'emprunt pour les entreprises contribue-t-il à réduire la pollution ? Certains modèles d'équilibre général stochastique et dynamique environnementaux ont été utilisés pour effectuer des simulations sur le sujet. Les conclusions sont plutôt modérées. L'article de Punzi dans le *Handbook of Green Finance*, que nous avons cité précédemment, indique que si les politiques qui assouplissent les contraintes sur le crédit vert semblent intéressantes à première vue, les simulations E-DSGE « montrent que les entreprises vertes ne connaissent qu'une augmentation de courte durée de leur production », car « l'augmentation du prix des actions entraîne une forte baisse du prix des autres actifs, ce qui affecte

---

[109] Park, H., Kim, J.D (2020), "Transition towards green banking: role of financial regulators and financial institutions", *Asian Journal of Sustainability and Social Responsibility*, Vol. 5

négativement la valeur de la garantie pour obtenir davantage de crédit bancaire ». Ils n'ont trouvé aucun avantage particulier du point de vue des banques.

Cela doit inciter les économistes à être innovants et à inventer les nouveaux outils qui répondraient mieux à ces nouveaux défis environnementaux. Les politiques microprudentielles que nous connaissons aujourd'hui ne sont pas immuables, et elles ont vocation à être travaillées par des économistes qui tentent d'explorer les nombreuses possibilités qu'elles peuvent offrir. Le document économique de la Ruhr cité précédemment, considérant que les politiques microprudentielles actuelles présentent des lacunes dans certains domaines, a proposé la création d'un ratio de levier sectoriel qui tiendrait compte de l'exposition aux actifs à forte intensité de carbone. Il a fait valoir que :

> « Alors que le ratio de levier de Bâle III prévient les effets de levier excessifs sur et hors bilan et définit une limite de capital non pondéré par le risque en termes de rapport entre les fonds propres de la banque et les expositions totales [...] le ratio de levier sectoriel proposé ici pourrait limiter une position de surendettement à un groupe ciblé d'actifs »

Le ratio a été formalisé par les auteurs comme suit :

$$LRt^{Sector} = \frac{Tier\ 1\ Capital}{Exposures\ to\ carbon - intensive\ sector} \leq \gamma$$

Il n'a jamais été testé.

3.2.2 Exigences de divulgation

L'obligation de divulgation est un outil microprudentiel qui oblige les banques à publier des informations sur l'état de leur bilan ou sur tout ce qui peut affecter leurs actionnaires. Ainsi, les investisseurs, les clients et les États peuvent prendre des décisions en meilleure connaissance de cause car ils disposent de données sur lesquelles baser leurs estimations. Les exigences en matière de divulgation deviennent de plus en plus importantes, les gouvernements ayant compris que l'application de réglementations concernant la véritable situation financière des banques peut avoir un effet positif à plus grande échelle. Les investisseurs qui disposent de connaissances adéquates investissent plus intelligemment et de manière plus sûre ; cela permet une meilleure allocation des ressources sur les marchés et prévient les situations difficiles. Certains économistes ont donc pensé à adapter les obligations de divulgation aux questions environnementales.

L'Union européenne, et notamment la France, sont les plus avancées en la matière. L'UE a encouragé la création de normes ESG et suit de près leur évolution, en les mettant à jour de temps à autre ; leur dernière mise à jour date de mars 2021[110]. Le protocole de Kyoto de 1997 a été le premier grand accord international à couvrir le sujet en rendant les divulgations obligatoires pour certains pays qui l'ont ratifié. Cependant, les pays en développement ne sont pas obligés de divulguer leurs émissions, car le protocole rend la divulgation facultative pour eux tant qu'ils n'atteignent pas le statut de pays développé[111]. Une étude réalisée en 2005 a montré que le protocole avait eu des effets positifs en termes d'obligations de divulgation et que « les entreprises des pays qui ont ratifié le protocole ont des indices de divulgation plus élevés que les entreprises des autres pays ». Cela les a placés à l'avant-garde en la matière[112].

L'Afrique du Sud a signé le protocole de Kyoto et l'a ratifié. Elle fait partie des pays hors annexe B, c'est-à-dire ceux qui n'ont pas d'objectifs contraignants. L'Afrique du Sud est néanmoins l'un des pays les plus avancés d'Afrique en matière d'obligations

---

[110] Citi Securities Services Insights (2020), "EU ESG Disclosures: It's Not Easy Being Green"

[111] Kalu, J., Aliagha, G., Buang, A. (2015), "A Review of Economic Factors Influencing Voluntary Carbon Disclosure in the Property Sector of Developing Economies", Earth and Environmental Science, vol. 30

[112] Freedman, M. (2005), "Global Warming, Commitment to the Kyoto Protocol, and Accounting Disclosures by the Largest Global Public Firms from Polluting Industries", *The International Journal of Accounting*

de divulgation liées aux questions environnementales. Cela est en partie dû à un partenariat public-privé. En 2006, un cabinet de conseil, Incite Sustainability, a créé le « Carbon Disclosure Project » (CDP), qui a fait pression sur les grandes entreprises pour qu'elles divulguent des informations sur l'intensité en carbone de leurs projets[113]. Un indice public, le JSE SRI, a ensuite été créé pour suivre toutes les sociétés cotées. L'accord de Paris, signé par l'Afrique du Sud, a également contribué à améliorer la qualité des informations vertes. Les analyses annuelles du CDP montrent que « si les scores du CDP se sont améliorés après la signature de l'Accord de Paris en décembre 2015, la mise en place d'incitations à la gestion du changement climatique a également conduit à une amélioration du score du CDP, ce qui se traduit par une meilleure communication sur le changement climatique »[114].

Cependant, tous les pays en développement n'ont pas agi aussi rapidement que l'Afrique du Sud. Les recherches sur le sujet ont mis en évidence que le chemin à parcourir est encore long. L'article « Comparison of propensity for carbon disclosure between developing and developed countries : A resource constraint perspective » publié en 2013 a montré qu'il existe une relation étroite entre la divulgation de carbone et la disponibilité des ressources au niveau de l'entreprise en question. Les entreprises des pays en développement sont moins enclines à divulguer des informations car elles n'ont pas nécessairement les ressources nécessaires pour le faire. Cela est d'autant plus important que de nombreuses entreprises des marchés émergents sont de petite ou moyenne taille et n'ont donc pas les ressources humaines et techniques les plus à même de leur permettre de divulguer des informations environnementales, ou même, parfois, n'importe quelle information que ce soit. Cela est bien sûr moins vrai avec les grandes entreprises, mais force est de constater qu'à taille comparable, une entreprise d'un pays en

[113] Bimha, A., Nhamo G. (2010), “Carbon disclosure in South Africa: Corporate green wash of genuine transition to low carbon economy?”, Discours à l'occasion d'une conférence, University of South Africa
[114] Mongie, C. (2019), "Voluntary climate change disclosure in South Africa", *University of Cape Town Papers*

développement a tendance à être soumise à moins d'obligations de publicisation de l'information qu'une même entreprise européenne, et que donc, elle développe moins d'expertise chiffrée sur sa situation financière et comptable – et donc, *a fortiori*, sur son impact environnemental. Une étude de cas réalisée en Malaisie en 2015 a par exemple montré que les grandes entreprises, très rentables et liquides, sont les plus susceptibles de publier des informations[115]. La conclusion de la recherche de 2013 était que les autorités publiques devraient intervenir pour inciter ou forcer la divulgation. Pour certains pays, si l'État veut imposer la divulgation obligatoire, il devra ordonner à sa banque centrale de développer à partir de zéro un système permettant aux entreprises qui n'ont pas les ressources adéquates de déclarer leur consommation de carbone.

Le problème est différent en Asie. De nombreuses grandes entreprises ont les ressources, mais pas nécessairement la volonté, de divulguer des informations liées à l'environnement. L'idée de rendre les informations transparentes et accessibles au public n'est toujours pas ancrée dans la culture d'entreprise de bon nombre de ces pays, même si les récentes mesures prises par la Chine et l'Inde dans ce domaine font évoluer les choses. Une étude sur le sujet des entreprises de la région Asie-Pacifique a été réalisée en 2011. Les économistes ont tenté de comprendre quels facteurs conduisaient les entreprises à divulguer des informations. Ils ont utilisé « plusieurs variables, à savoir la taille de l'entreprise, l'appartenance industrielle, le pays de domiciliation, la certification environnementale, la taille du conseil d'administration [...], la structure de la gouvernance [PDG/président/directeur général], et le sexe [de ces derniers] ». Ils ont constaté que la divulgation d'informations sur le changement climatique peut être stimulée assez facilement : « L'augmentation de la proportion d'administrateurs indépendants au sein du conseil d'administration, l'encouragement de la pratique des entreprises à séparer le rôle de PDG de celui de président du conseil d'administration, et les

[115] Kalu, J., Aliagha, G., Buang, A. (2015), "A Review of Economic Factors Influencing Voluntary Carbon Disclosure in the Property Sector of Developing Economies", *Earth and Environmental Science*, vol. 30

pratiques des entreprises en matière d'obtention et de maintien de la certification environnementale augmenteraient directement la divulgation d'informations sur le changement climatique »[116].

Le dialogue entre les institutions publiques et privées est essentiel dans cette entreprise. Le cas du Brésil est similaire à celui de l'Afrique du Sud dans la mesure où l'État et la banque centrale ont compris très tôt qu'ils devaient coopérer avec le secteur privé pour que des informations soient publiées sur l'environnement. L'État a lancé un indice de durabilité des entreprises à la bourse (indice BOVESPA) en 2005, après une étroite coopération avec les sociétés privées. Le programme « Green finance » des Nations unies pour les pays en développement note qu' « en 2011, le Banco Central do Brasil (BACEN) a été le premier régulateur bancaire au monde à demander aux banques de surveiller les risques environnementaux dans le cadre de la mise en œuvre des évaluations internes de l'adéquation des fonds propres [requises par] Bâle III ». Le dialogue entre la banque centrale et le secteur privé s'est poursuivi de telle sorte qu'un protocole vert non obligatoire pour le secteur bancaire a été créé en 2014, que la banque centrale a ensuite rendu obligatoire. Tout cela a été aidé par la Confédération brésilienne des assurances qui a mis en place des objectifs de durabilité.

Les économistes ont un rôle à jouer dans l'avancement de la divulgation d'informations. En février 2015, Novethic a publié un rapport intitulé « Les banques et les assureurs européens contribuent-ils ? ». Il explorait les façons dont le secteur des banques et des assurances travaillait sur les divulgations liées à l'environnement. Il expliquait que de nombreuses grandes banques « mènent actuellement des travaux de recherche sur la mesure des émissions générées par leurs activités commerciales » ; certaines de ces initiatives sont purement internes (Crédit Suisse, Generali), tandis que d'autres se sont rapprochées de réseaux ou d'organisations internationales,

---

116 Amran A., Periasamy V., Zulkafli, A; (2014), "Determinants of Climate Change Disclosure by Developed and Emerging Countries in Asia Pacific", *Sustainable Development*, vol. 22

comme le « GHG Protocol et l'UNEP FI pour la Société Générale »[117]. Ces recherches pourraient permettre aux banques, sur le long terme, de rendre leurs estimations de leur implication dans des projets polluants et verts plus précises qu'auparavant. UniCredit, une banque italienne, a mené des recherches sur la façon de créer une méthodologie qui permettrait d'estimer le montant du crédit accordé par la banque à des projets liés à l'énergie verte.

3.3 Politiques macroprudentielles vertes

Les politiques macroprudentielles testent et vérifient la santé financière et la stabilité des institutions financières prises en tant que tout, ou plus précisément, en tant qu'elles forment un système d'interconnexions et d'interrelations. Les modélisations macroprudentielles permettent ainsi de prédire ce qui arrivera en cas d'événement dramatique, comme le défaut de paiement d'une banque importante, sur le reste du secteur bancaire. Les banques centrales s'occupent des politiques macroprudentielles afin d'avoir une vue d'ensemble et de traquer les risques systémiques. Comme l'a écrit la BCE au début de l'année 2021, lors de la crise de la Covid-19, les politiques et modèles macroprudentiels modernes « reposent sur le principe que les agents économiques [bancaires] n'internalisent pas les effets de leur effet de levier et de leur prise de risque sur la stabilité du système financier dans son ensemble », ce qui finit inévitablement par créer des inefficacités et ajouter des risques au système[118].

3.3.1 Tests de résistance (*stress tests*) liés au climat

Les tests de résistance sont des outils courants dans l'arsenal de réglementation des banques centrales contemporaines. Ces tests, que l'on appelle le plus souvent par leur nom anglophone

---

[117] Kamelgam, Y., Blanc, D. (2015), "Green Financing: Are European Banks and Insurers Contributing?", *Novethic Papers*

[118] Martin A., Mendicino C., Van der Ghote, A. (2021), "On the interaction between monetary and macroprudential policies", *ECB Working Papers*

(les « *stress tests* »), sont des simulations qui analysent comment les banques réagiraient à différents scénarios de chocs plus ou moins rudes. En utilisant des agrégats de données issues des bilans et les portefeuilles des banques, les tests de résistance prédisent la pression que les banques peuvent supporter avant d'avoir besoin d'un refinancement ou de faire défaut. Les tests de résistance sont fondamentaux pour la régulation du système bancaire : les banques ont connu quelques crises au XIXe siècle ; le XXe et le XXIe ont vu l'essor des mécanismes de test qui ont permis de vérifier la solidité des banques. La crise de 2008 a renforcé la compréhension de la nécessité de ces tests. Lorsqu'ils sont réalisés en externe (par un agent extérieur), ils sont souvent effectués par le régulateur financier, qui est, dans la plupart des cas dans les pays en développement, la banque centrale. Ils sont le plus souvent menés pendant la phase d'accumulation (« *build up* »), c'est-à-dire la phase de l'accélération de la croissance économique qui précède une crise.

Les tests de résistance peuvent être un outil puissant pour évaluer les implications des catastrophes climatiques sur l'économie et sont donc nécessaires pour les pays en développement qui sont les plus exposés au changement climatique. Les simulations peuvent être basées sur des scénarios liés à l'exposition des banques à la défaillance d'entreprises touchées par des problèmes liés à l'environnement. Le groupe de travail du G20 sur le climat a exploré le sujet des tests de résistance dans les économies émergentes et leur lien avec l'écologisation du système bancaire. Il a récapitulé les tests de résistance en disant que :

> « [ils] évaluent les pertes les plus importantes pour les institutions financières conditionnées à de tels scénarios [...] L'intégration du risque climatique dans les mesures du risque financier […] et l'évaluation des pertes […] auxquelles un investisseur pourrait être confronté face à différents scénarios de transition climatique *via* les tests de résistance climatique

sont fondamentales pour informer leurs stratégies de gestion des risques[119] »

Tout ce que cette méthode demande, au fond, c'est une méthodologie solide qui permette aux banques d'évaluer le risque de leur côté, et aux banques centrales de réutiliser les jeux de données des banques pour effectuer une vérification supplémentaire par sécurité[120]. Cependant, les banques des pays en développement n'ont pas encore mis au point une telle méthodologie d'évaluation des risques environnementaux. Elles fondent leurs tests de résistance sur des directives occidentales qui ne sont peut-être pas adaptées à leur situation. En outre, les lignes directrices qui peuvent être utilisées manquent elles-mêmes de précision. Dans son rapport sur les tests de résistance liés au climat, Deloitte souligne le rôle que les institutions financières, telles que les banques centrales, doivent jouer et joueront à l'avenir en ce qui concerne la quantification des risques liés au climat et l'exactitude de la méthodologie des tests. Le cabinet reconnaît que les institutions financières joueront un rôle plus important à l'avenir, et que

> « le point de départ est d'identifier les risques et les opportunités liés au climat [...] le développement d'un test de résistance climatique deviendra une exigence réglementaire dans les années à venir, par conséquent une évaluation quantitative utilisant des analyses avancées est nécessaire [...] [Cependant, parce que] les outils d'évaluation climatique actuels ne couvrent pas de manière adéquate l'impact des risques transitoires et physiques, il est nécessaire de disposer de méthodologies plus complètes »

Deloitte a ensuite proposé une nouvelle méthodologie à multiples facettes qui permettrait aux institutions financières d'aller de l'avant avec les tests climatiques, et qui pourrait

---

119 Monasterolo, I., Volz, U. (2020), "Addressing climate-related financial risks and overcoming barriers to scaling-up sustainable investment", *SOAS Papers*

120 Les *stress tests* réalisés par les banques elles-mêmes ont parfois mené en erreur les régulateurs, notamment à la veille de la crise de 2008

répondre aux besoins des économies émergentes. La méthodologie était basée sur l'idée qu'une bonne méthodologie de test de résistance devrait nécessairement inclure « l'analyse du portefeuille, la sélection des scénarios, la méthodologie de test de résistance - mécanisme descendant - mécanisme ascendant, la calibration, l'évaluation de l'impact ». Voici, dans un format condensé, le contenu de tous ces tests :

Outil	Définition
Analyse de portefeuille	Analyse de l'exposition sectorielle. Utilisation de variables liées à la géographie (actifs liés à des activités en zones potentiellement sinistrées) Analyse des effets de l'arrivée à maturité des créances et des actifs détenus.
Sélection de scénarios	Utilisation de scenarios multiples avec des échelles différentes (approche comparativiste)
Quantification *via* des modélisations de *stress tests*	« Insérer [dans le modèle] des chocs dans le portefeuille ainsi qu'au niveau des emprunteurs afin de calculer le niveau de risques systémiques et idiosyncratiques ; cela permet de maximiser le pouvoir prédictif des estimations »
Calibration	Maximiser le caractère opérationnel des modèles en les faisant correspondre au réel (utilisation de données adéquates)
Etude d'impact	Analyser l'impact en prenant en considération de multiples dimensions (écologiques, économiques, sociétales, *etc.*)

Le groupe de travail sur le climat du G20 a soutenu l'idée de généraliser les tests de résistance dans les pays en développement, écrivant que les risques liés à la transition vers des économies à faible émission de carbone étaient importants car ils allaient perturber le fonctionnement régulier des banques. Ils ont souligné que l'approfondissement des relations économiques entre les pays en développement eux-mêmes et entre les pays développés et en développement rendait encore plus impérieuse la création de nouvelles méthodologies et leur application par les banques centrales.

3.3.2 Les coussins de capitaux contracycliques

Les coussins de capitaux contracycliques (*Countercyclical Capital Buffers*, ou CCyCB) sont des politiques prudentielles qui consistent à augmenter les exigences de capital des banques pendant les périodes de forte croissance économique et à abaisser ces exigences pendant les périodes de ralentissement. De cette manière, le système bancaire dispose d'un capital adéquat à tout moment du cycle d'expansion et de récession. En effet, lorsqu'une économie tourne à plein régime en haut de cycle, les banques accordent plus de crédit et diminuent leur ratio capital/crédit ; cela crée une faiblesse qui peut être particulièrement dévastatrice lors de la prochaine crise. Le CCyB permet d'avoir un système bancaire plus sûr tout en préservant la compétitivité des banques.

C'est pourquoi les accords de Bâle, qui créent un ensemble de règles communes pour le système bancaire mondial, ont abordé très tôt le sujet des réserves de capitaux. Chaque nouvel accord de Bâle a apporté quelque chose de nouveau ou a renforcé ces exigences. Bâle III, par exemple, « présente les détails des normes réglementaires mondiales sur l'adéquation des fonds propres et la liquidité des banques, y compris un coussin de fonds propres contracyclique »[121]. Il a promulgué « un ensemble complet de mesures élaborées par le Comité de Bâle sur le contrôle bancaire [...] pour remédier aux failles du système financier [...] et qui s'appliquent à toutes les banques : le volant de conservation des fonds propres et le volant de coussin contracyclique [...] »[122]. Ces mesures visent à « protéger le secteur bancaire des périodes de croissance excessive du crédit global qui ont souvent été associées à l'accumulation de risques

---

[121] Cardona, M., Berenguer, E. (2020), "What role for financial regulation to help the low-carbon transition?", *Institute for Climate Economics Reports*

[122] Banque des Règlements Internationaux, "The capital buffers in Basel III – Executive Summary", BIS Blog Posts

systémiques ». L'application de cette méthode aux risques environnementaux pose toutefois la question du calcul ou de l'estimation du risque écologique, qui est par nature, on l'a vu, difficile à quantifier.

Il était logique que les économistes étudient la possibilité de disposer de coussins de fonds propres contracycliques verts. Maria Teresa Punzi, dans son article « Role of Bank Lending in Financing Green Projects » publié dans le *Handbook of Green Finance*, propose deux formes de CCyCB. La première serait celle où la banque centrale obligerait les banques à détenir plus de capital chaque fois qu'elles accordent un nouveau crédit à une entreprise à forte intensité de carbone. Cette formule a un effet dissuasif sur les prêts polluants (c'est-à-dire, à des entreprises polluantes ou à des entreprises qui souhaitent utiliser la somme pour entreprendre un projet polluant). La seconde agit dans l'autre sens en diminuant les exigences totales en matière de capital lorsqu'un crédit est accordé à des entreprises vertes. Dans ce cas, plus une entreprise accorde de crédits verts, plus les restrictions qui pesaient sur la banque vont se réduire jusqu'à atteindre un seuil plancher.

La mise en œuvre du CCyCB ne va pas sans poser de problèmes. Le principal est que les pays en développement sont peu friands de ces mécanismes de tampons contracycliques, car leurs politiques sont souvent procycliques[123]. Cela est dû au fait que les banques centrales doivent se mobiliser lors des crises pour défendre la monnaie sur le marché international : lorsque des fuites de capitaux mettent en danger l'économie nationale, les banques centrales augmentent leurs taux d'intérêt pour faire revenir des investisseurs, ce qui conduit à une appréciation de la monnaie et à une entrée de capitaux, en même temps que la hausse des taux se répercute sur les banques, qui prêtent moins aux agents économiques, enclenchant une chute de l'activité économique prolongée. Federico *et al.* ont publié en 2014 une étude qui montre que 62 % des pays de l'échantillon « ont suivi une politique active de RR [réserves obligatoires] [...] pour la

[123] Federico, P. (2014), "Reserve requirement policy over the business cycle", *NBER Working Papers*

période 1970-2011 », parmi lesquels deux tiers étaient des pays en développement, mais que de nombreux pays à faible revenu ont abandonné leur politique de réserves obligatoires après les années 1990 afin de mener des politiques procycliques. Comme l'écrit le groupe de réflexion économique de la Ruhr, les pays en développement sont enclins aux politiques procycliques, et leurs systèmes bancaires ne sont pas habitués à des politiques contracycliques :

> « En présence de flux de capitaux ouverts, la procyclicité du taux d'intérêt contraint la conduite harmonieuse de la politique monétaire et l'utilisation des taux d'intérêt comme instrument contracyclique. Par conséquent, dans ce cadre, les réserves obligatoires sont utilisées pour stabiliser les flux de capitaux et le cycle du crédit, compte tenu des limites existantes de la capacité de la politique monétaire type à lisser le niveau du crédit et/ou de l'activité économique[124] »

Cela signifie que les CCyCB seront plus difficiles à mettre en œuvre. Les pays en développement, qui pour beaucoup sont confrontés à des risques environnementaux élevés, sont donc ceux qui seront les plus réticents à implémenter leur version « verte » dans le but de préserver d'autres variables de leur stabilité macroéconomique. Malgré cela, il existe quelques exemples historiques de CCyCB verts sur les marchés émergents. On pense par exemple au Liban qui, une fois de plus, a été en avance dans le domaine financier. Comme l'indique l'article de 2018 sur « Le rôle des prêts bancaires dans le financement des projets verts », la Banque du Liban a incité le système bancaire à accorder davantage de prêts verts en modifiant les exigences en matière de capital :

> « La Banque du Liban [...] a introduit des ratios de réserve différenciés en réduisant les exigences obligatoires de la banque commerciale d'un montant égal à 100 %-150 % de la

[124] D'Orazio, P., Popoyan, L. (2018), "Fostering green investments and tackling climate-related financial risks: Which role for macro prudential policies?", *Ruhr Economic Papers*, No. 778

valeur du prêt pour le projet relevant des économies d'énergie[125] »

3.3.3 Restriction à l'exposition aux « grands risques » (*great risk exposure*)

L'exposition au crédit est définie comme la mesure dans laquelle une banque subira des pertes dans le cas où les emprunteurs ne respectent pas leurs engagements de paiement. L'exposition aux grands risques (« *great risk exposure* ») est l'exposition directe d'une banque à un petit nombre de gros emprunteurs qui pourraient mettre la banque en danger à eux seuls, quand bien même ils représentent numériquement peu d'emprunteurs. Certaines banques, en effet, sont très exposées aux risques que fait peser sur elle une très grosse entreprise ou un ensemble d'entreprises de grande taille. Cela représente une menace systémique car un effet domino peut résulter de l'insolvabilité d'une ou de plusieurs de ces entreprises. Une restriction de grande exposition calcule le montant optimal qu'une banque peut prêter à une entreprise sans qu'elle subisse une perte fatale au cas où l'entreprise (ou un ensemble d'entreprises) ne remboursait pas le prêt. En d'autres termes, il s'agit du montant que la banque peut prêter à un nombre restreint de grandes entreprises sans mettre en danger sa solvabilité. Des restrictions sur les grands risques ont été mises en place par les accords de Bâle.

Certains économistes ont proposé d'étendre cette politique prudentielle mais en l'orientant plus particulièrement vers les entreprises brunes. Elle agirait comme une préférence de crédit vert, c'est-à-dire qu'elle limiterait l'exposition des banques aux entreprises polluantes et à fort taux de carbone, et augmenterait l'exposition aux entreprises vertes ou aux entreprises qui proposent le plus de projets verts. Les banques commerciales procéderaient à une gestion des risques axée spécifiquement sur la pollution ou intégreraient des critères liés au climat dans leurs

---

125 Punzi, M. T. (2018), "Role of Bank Lending in Financing Green Projects: A Dynamic Stochastic General Equilibrium Approach", *ADBI Working Paper Series*

algorithmes de gestion des risques.

Dans l'article « Quel rôle pour la politique macroprudentielle ? » que nous avons déjà mentionné, D'Orazio souligne l'importance des limites d'exposition. Il montre comment elles peuvent être utilisées comme moyen de promouvoir le crédit vert tout en limitant l'exposition des banques aux entreprises les plus polluantes et qui donc heurtent le plus, à terme, la croissance mondiale. Il souligne le double usage de cette politique de la manière suivante :

> « Lorsqu'elle est appliquée à des fins de transition vers une économie à faible intensité de carbone, la limite d'exposition pourrait, d'une part, limiter la surexposition des banques à l'égard de contreparties ayant des actifs à forte intensité de carbone et, d'autre part, agir de manière macroprudentielle pour protéger les banques pendant la transition et contre les risques systémiques »

Le document soulignait également la différence entre ce type de politique et un simple plafond de crédits : « Cet outil contient [...] une fonction d'allocation très similaire aux plafonds de crédit, à la différence que le plafond de crédit désigne un groupe ou un type d'actifs, alors que la limite de grande exposition repose sur l'identification des contreparties[126] ».

De son côté, la BCE a publié un article de recherche intitulé « Positively green : Measuring climate change risks to financial stability ». Les auteurs citaient la gestion du risque par l'analyse de l'exposition aux entreprises polluantes comme l'un des quatre grands chantiers auxquels les banques commerciales doivent s'attaquer. Ils notaient également la nécessité d'une analyse de la « réévaluation potentielle du risque climatique », c'est-à-dire des conséquences des catastrophes climatiques sur le prix et la solvabilité des actifs.

---

[126] D'Orazio, P., Popoyan, L. (2018), "Fostering green investments and tackling climate-related financial risks: Which role for macro prudential policies?", *Ruhr Economic Papers*, No. 778

« La concentration reste un problème – quelques banques détiennent la majeure partie des expositions aux emprunteurs les plus énergivores, les émissions de CO2 des 20 entreprises les plus polluantes représentant la moitié des expositions des banques de la zone euro aux entreprises émettrices capturées par les ensembles de données granulaires actuellement disponibles [...][127] »

Ils expliquaient également les conclusions de certaines de leurs simulations concernant « l'impact d'une dégradation d'un cran de la notation de crédit sur les expositions des banques aux entreprises les plus polluantes ». Selon les calculs, « les pertes de crédit [...] pourraient atteindre jusqu'à 10% du total des actifs » et générer des tensions majeures dans le secteur bancaire, ce qui pourrait entraîner une perte de confiance entre les banques. Or, c'est cette dégradation de la confiance interbancaire qui conduit à enrayer le système bancaire, comme cela s'est produit en 2008. La Réserve fédérale et la BCE, notamment, avaient dû abaisser leurs taux de refinancement et de facilité de prêts de court terme, ainsi qu'injecter des liquidités dans le système bancaire, pour sortir leurs économies d'une situation de faillite bancaire en puissance.

Limiter les expositions importantes, c'est s'assurer qu'un groupe d'entreprises que l'on qualifie habituellement de « trop grosses pour faire faillite » (*too big to fail*) ne mettra pas en danger toute la stabilité du système. Ces mesures fondées sur les fonds propres renforcent le système en même temps que les entreprises qui le composent. Dans un document de travail de la BCE, « On the origin of systemic risk », Mattia Montagna, Gabriele Torri et Giovanni Covi écrivent que les politiques macroprudentielles, et en particulier les restrictions des grands risques, ont un effet positif sur la stabilité financière et la croissance économique grâce au renforcement de la résistance du système et au lissage du cycle financier ; en d'autres termes, il

---

[127] European Systemic Risk Board & ECB (2020), "Positively green: Measuring climate change risks to financial stability", *ECB Working Papers*

s’agit de protéger le système à chaque étape du cycle afin d’en limiter les variations positives et négatives.

Chapitre 4.
Reconnaître les limites de la finance verte dans un contexte international concurrentiel

Les innovations financières ont rythmé le cours de l'histoire financière récente. Ayant pour objectif de rendre les marchés plus efficaces ou les transactions moins coûteuses ou plus sûres, elles ont vocation à modifier le fonctionnement des marchés. Leur principal défaut est que, parce qu'elles sont nouvelles et donc, pendant un temps, non régulées, elles peuvent mener les agents à multiplier des comportements risqués. L'absence ou la faiblesse des régulations empêche de planter des garde-fous, et la supervision publique est le plus souvent défaillante ou inexistante durant les premières années.

Comme toute autre innovation, la finance verte a bénéficié de l'intérêt qu'elle a suscité, tout en en subissant des conséquences négatives. Deux principaux problèmes se posent aujourd'hui au sujet de la finance verte. Le premier est que le *green central banking*, s'il a ses points forts et ses avantages, est loin d'être suffisant pour verdir le système financier : il est nécessaire pour les acteurs publics de reconnaître le besoin de convier tout l'écosystème financier autour de la table pour mettre en place des accords et des *guidelines*. Le deuxième est que la finance verte, si elle peut encore se développer, risque de se heurter au mur infranchissable qu'est son incapacité à remplacer intégralement la finance brune. La véritable question est donc celle de sa complémentarité avec celle-ci.

4.1 Reconnaître la déficience des banques centrales et la nécessité d'une diversité d'acteurs : la banque d'investissement comme facilitateur de la finance verte

Comme nous l'avons montré jusqu'à présent, les banques centrales sont appelées à devenir des acteurs majeurs de la finance verte, car elles disposent de pouvoirs réglementaires, monétaires et d'influence pour inciter, pousser et faciliter les investisseurs à réaliser des investissements verts. Néanmoins, l'atteinte des objectifs de l'accord de Paris exige que les banques centrales travaillent en collaboration avec un grand nombre d'acteurs éparses afin de pallier leurs propres déficiences. Cela est particulièrement vrai dans les pays qui souffrent d'une pénurie de capitaux.

4.1.1 La canalisation des capitaux vers les projets verts nécessite une grande diversité d'acteurs publics, semi-publics et privés

Un système financier est avant tout un grand jeu de coopération décentralisé et horizontal dans lequel une multiplicité d'acteurs offre et demande en fonction de signaux tels que les prix, les taux d'intérêt, les primes de risque, le climat du marché, *etc*. Un système financier vert doit, pour tenir, être composé non seulement d'une banque centrale intégrant l'environnement dans ses modèles et ses politiques, mais aussi et surtout une grande variété d'acteurs. Les banques, fonds d'investissement, fonds souverains, gestionnaires d'actifs ou autres *venture capitalists*, doivent accepter le jeu et ses règles pour que le verdissement ait lieu. En finance, on ne contraint pas, on incite. C'est précisément pour cela que les banques centrales conserveront un rôle important même après avoir créé les bases normatives nécessaires à l'éclosion de la finance verte – pour agir comme un distributeur d'*incentives*. Sans elles, point de transition financière verte harmonieuse.

Comme déjà remarqué, le premier obstacle auquel sont confrontés les pays en développement est la faiblesse de leur système bancaire. Les banques qui y sont présentes sont souvent petites, disposent de peu de fonds, et sont peu sécurisées. Parce que le système est fragile, les pays en développement ont généralement les taux de réserves obligatoires les plus élevés. Cela signifie que lorsqu'une banque octroie un crédit (mettons, 100€), elle doit disposer dans ses coffres d'un équivalent fiduciaire à hauteur d'un certain pourcentage de la somme créée. Le Liban, par exemple, a un taux de réserves obligatoires qui varie entre 20 % et 25 %, alors que les pays de l'Union européenne ont plafonné ce taux à 1 %, du fait de la solidité de son propre système[128,129]. La faiblesse du système bancaire est au détriment de l'économie, car la crainte de défauts et d'insolvabilité conduit la plupart des banques à préférer n'accorder que des prêts à court terme. Cette restriction heurte tous les entrepreneurs, mais plus encore les entrepreneurs verts, dont les projets sont généralement de long terme. Cela réduit les investissements potentiels et comprime le crédit total de l'économie. Corrélativement, comme l'a noté un papier de l'ONU, les entreprises ont le plus grand mal pour contourner les banques en passant directement par les marchés financiers, car les marchés de capitaux sont de petite taille – et difficilement accessibles, dans tous les cas, aux petites et moyennes entreprises.

L'une des solutions les plus adéquates à ce problème réside dans les banques de développement. Ces banques sont généralement créées et financées par les États afin de fournir des capitaux pour des investissements de long terme et apporter une aide technique aux investisseurs ; en d'autres termes, elles réduisent les risques et les primes de risque, donnent confiance dans le marché sur lequel elles opèrent, et améliorent le fonctionnement des canaux du crédit et de l'investissement. De nombreux pays en développement ont eu recours à de telles institutions afin de promouvoir les investissements verts. Les banques de développement peuvent jouer un rôle majeur dans la mise en relation des capitaux avec les entreprises ou les projets qui en ont besoin ; elles organisent et mettent en place des moyens permettant aux créanciers de rencontrer les débiteurs. Comme l'écrivent Urban et Wojcik, les banques de développement :

> « [...] fonctionnent comme des agents centralisés qui favorisent et garantissent la transmission des titres

[128] Collectif (2018), "Annual Report on Exchange Arrangements and Exchange Restrictions 2017", IMF Reports

[129] L'autre raison pour laquelle les pays européens peuvent se permettre un taux aussi faible est que leurs banques sont soumises à un plus grand nombre de régulations (internationales et nationales), qui ont fait du taux de réserves obligatoires un instrument somme toute secondaire.

nouvellement émis des émetteurs aux gestionnaires d'actifs. En tant que telles, elles assurent une fonction transactionnelle cruciale sur les marchés des capitaux[130] »

Le principal avantage de ces banques est celui de l'information et des données. Les banques de développement bénéficient de leur lien privilégié avec leur ministère des Finances et (ou) leur banque centrale, ce qui leur permet d'avoir accès à des informations autrement difficiles d'accès sur les émetteurs et les investisseurs. Aussi, en tant qu'acteurs reconnus par les institutions financières et non financières, elles peuvent collecter des données sur les marchés. De cette manière, elles peuvent décider comment et quand agir, et comment traiter certains projets d'émissions d'actifs. Elles participent à la reconnaissance et à la notoriété des innovations financières sur les marchés. Destinées à promouvoir le développement humain et la croissance, ces banques de développement peuvent être gérées directement par le ministère des Finances, par la banque centrale, ou disposer d'une autonomie. Bien que l'implication de la banque centrale ne soit pas nécessaire en soi, l'article « Green Central Banking in Emerging Markets » soutient que les banques de développement ont besoin du soutien des banques centrales pour leur propre développement et l'extension de leur activité, en particulier dans les marchés émergents les moins avancés. Les auteurs considèrent les banques centrales comme l'épine dorsale des institutions financières de ces pays :

> « Les banques centrales ont traditionnellement soutenu la prolifération des institutions financières spécialisées en souscrivant à leurs fonds propres, en achetant leurs obligations ou en créant des marchés pour leurs obligations. A été largement préconisée l'utilisation des banques de développement pour aider à financer la transition verte de

---

[130] Urban, M., Wojcik, D. (2019), "Dirty Banking: Probing the Gap in Sustainable Finance", *Sustainability*, vol. 11

l'économie et pour pallier l'absence de capital de long terme[131] »

Un argument frappant, et souvent ignoré, est celui de la réduction des risques que permettent les banques centrales. L'économie est considérée par beaucoup de profanes comme une discipline quantitative, éminemment mathématique ; que le « risque », la perception subjective de la possibilité qu'un évènement advienne, soit un élément déterminant sur les marchés financiers, semble à certains baroque. Et pourtant : la confiance est au cœur de tout système économique. Sans elle, rien ne peut être échangé, car c'est sur la base de la confiance que nous acceptons d'acheter un bien qui nous semble être ce que le vendeur dit qu'il est, et que nous acceptons de vendre un bien en échange d'un bout de papier sur lequel est inscrit un chiffre. Dès lors, la confiance est l'objet d'une préoccupation de tous les jours sur les marchés financiers, et notamment sur ceux qui sont les plus fragiles. C'est là toute la force des banques de développement : souvent soutenues par le ministère de l'Economie ou la banque centrale, elles sont un acteur connu des agents financiers, avec lesquels elles gardent généralement un contact étroit. Aussi, lorsque les banques centrales coopèrent avec les banques de développement qui aident les entreprises à mobiliser des capitaux, elles renforcent, par leur notoriété et par un transfert de capital symbolique, la reconnaissance et la confiance dont elles jouissent. Par conséquent, pour reprendre les termes de l'article précédemment cité,

> « Elles [les BD] peuvent jouer un rôle de façonnement du marché en mettant en œuvre des normes de financement vert et en émettant des obligations vertes qui peuvent être négociées sur les marchés nouvellement établis. Avec un capital suffisant de la part des gouvernements, ces institutions peuvent jouer un rôle important seules, mais avec un financement de la banque centrale, leur capacité de prêt et leur légitimité pourraient être considérablement accrues »

---

131 Dikau, S. (2017), "Green central banking in emergent market and developing countries", *New Economics Foundation Papers*

Comme l'a montré le rapport de l'UE « Whatever it takes to save the planet ? », les banques de développement ont été les premières institutions à développer les obligations vertes, avant que les entreprises ne commencent à s'aventurer sur le sujet[132]. En 2012, il n'y avait guère que ces entités ont qui émettaient des obligations vertes ; en 2015, elles en émettaient autant que la sphère privée non-bancaire ; à partir de 2016, le secteur privé en a émis encore davantage, ainsi que les banques d'affaires et commerciales. L'UE a conclu de ces données que les BD étaient obligatoires dans le développement d'actifs verts, du moins au début, car en émettant des obligations vertes, elles inspirent confiance aux entreprises et les incitent à suivre le mouvement. Cet aspect est particulièrement important dans le cas des pays en développement qui sont confrontés à des facteurs de dissuasion liés au risque.

Tout ceci nous a conduit jusqu'ici à postuler que les banques de développement peuvent être complémentaires des banques centrales en investissant ou en canalisant les investissements vers des projets verts. Le problème, cependant, réside dans le mandat de ces banques de développement ; toutes n'ont pas de mandat vert, et donc, peu sont habilitées à préparer des plans stratégiques pour développer la finance verte ou investir dans des projets spécifiquement verts à grande échelle. Celles qui n'ont pas de mandat vert ont tendance à être réticentes à en adopter. Les banques de développement qui ont un mandat vert, mais où celui-ci n'est pas considéré comme important, ont également tendance à considérer qu'elles ont d'autres projets à financer avant ceux liés à l'environnement. Cela est pour elles d'autant plus aisé à soutenir que les responsables politiques du pays ne témoignent d'aucun intérêt pour le verdissement de l'économie. Afin de contourner le problème, certains pays ont créé des banques de développement vertes, entièrement dédiées à l'émergence d'investissements verts. Ces pas en avant son remarquables car, comme le notent Dharish et Ambumozhi dans le *Handbook of Green Finance*, les pays développés s'en sont pour l'instant

---

132 Ferrari A., Nispi Landi V. (2020), "Whatever it takes to save the planet? Central banks and unconventional green policy", *ECB Working Paper*

abstenus. Ceux-ci préféreraient, pour le moment, s'appuyer sur leur secteur privé bancaire et financier pour inciter à l'augmentation des flux financiers verts. Deux pays, néanmoins, se distinguent fortement : l'Australie et le Royaume-Uni[133].

Ces deux pays ont créé une banque de développement verte. Elles peuvent aisément servir d'exemples à tout autre pays qui souhaiterait créer et financer la sienne. L'Australie a créé en 2012 la Clean Energy Finance Corporation (CEFC), qui est une banque verte détenue et gérée par le gouvernement. Sa mission est de l'aider dans l'atteinte de ses objectifs environnementaux. Elle gère environ 11md$ d'actifs, qu'elle investit dans des projets liés aux énergies propres. Son premier président était un ancien membre du conseil d'administration de la banque centrale australienne, et le comité stratégique de la CEFC est composé, en partie, de fonctionnaires de la banque centrale[134]. En 2018, l'Australie avait l'un des investissements par habitant dans les énergies propres les plus élevés[135]. Le CEFC peut servir de modèle car il a établi un cadre d'investissement clair et stable qu'il a suivi depuis, investissant dans des projets de recherche, des projets énergétiques et des projets d'infrastructure avec un grand succès, tout en maintenant un lien avec la banque centrale dans l'objectif de produire en coopération de la connaissance scientifique au sujet de la finance verte et de l'économie de l'environnement.

La Green Investment Bank (GIB) du Royaume-Uni a été fondée à la même époque. Son objectif était similaire, quoique l'orientation de la banque comportait une différence majeure : là où l'Australie avait choisi de mettre l'accent sur l'investissement dans les énergies vertes, la GIB avait décidé de ne pas se

---

[133] Dharish, D., and Anbumozhi, V. (2019), "A Comparative Study on the Role of Public–Private Partnerships and Green Investment Banks in Boosting Low-Carbon Investments", in *Handbook of Green Finance* (Ed. Sachs, J.)

[134] Brooksbank, D. (2012), "New Australian 'green bank' plans to catalyse private sector funds", *Responsible Investor*

[135] Chestney, N. (2020), "Australia moves into top three countries for renewable investment: research", *Reuters*

restreindre afin de ne pas être limitée à ce champ d'action. Elle se décrit comme fournissant « un large éventail d'instruments financiers, y compris des emprunts à long terme à taux fixe sur le marché, de la dette mezzanine, des prêts participatifs et des prêts relais pour des secteurs cibles tels que l'éolien en mer, la valorisation énergétique des déchets, la bioénergie, l'efficacité énergétique et, plus récemment, l'éolien terrestre ». Devenue indépendante du pouvoir central, la GIB a reçu un capital de départ d'environ 4,6md$. Si l'institution a encore un long chemin à parcourir pour devenir aussi importante que la banque de développement du pays, la British Business Bank, les résultats de la GIB lui ont permis d'être considérée par les décideurs publics comme une réussite. La GIB rend publics des résultats avantageux pour elle ; elle peut se targuer de garantir un rendement minimum avant impôt de 3,5 %, ce qui correspond à ce que proposent les banques commerciales – mais la GIB, elle, génère ces profits sur des investissements verts uniquement[136].

Quel doit être le bon rapport entre les banques de développement et leur banque centrale ? La question n'est pas anodine : alors qu'on a longtemps cru que les banques centrales devaient être gérées par des autorités politiques, les recherches menées dans les années 1970 ont montré tout l'intérêt que les Etats avaient à rendre indépendante, ou *a minima* autonome, leur autorité monétaire. Qu'en est-il, alors, des banques de développement ? Assez peu d'études ont été écrites à ce sujet à ce jour. Les recherches sur les mandats des banques de développement tendent à mettre en lumière l'importance pour les gouvernements de donner un mandat simple et clair, et de laisser ensuite l'entité fonctionner par elle-même. En janvier 2020, un groupe d'économistes a publié un document intitulé « Securing climate finance through national development banks », qui explique comment les pays en développement peuvent créer des banques d'investissement vertes efficaces avec l'aide de leur

[136] Dharish, D., and Anbumozhi, V. (2019), "A Comparative Study on the Role of Public–Private Partnerships and Green Investment Banks in Boosting Low-Carbon Investments", in *Handbook of Green Finance* (Dir. Sachs, J.)

banque centrale. Ils font valoir que les gouvernements devraient préférer actualiser le mandat initial de leur banque de développement plutôt que de créer une nouvelle institution. Cela signifierait donc que la banque de développement conserverait son niveau d'indépendance et d'autonomie qui prévalait. Elle devrait agir « dans le cadre de la transition vers une économie à faible émission de carbone et résiliente au changement climatique [...] », et devrait « intensifier [ses] activités catalytiques si elle veu[t] réaliser [son] plein potentiel et soutenir la transition vers une économie à faible émission carbone ».

Le papier a aussi pour qualité d'énumérer les moyens que les banques de développement doivent utiliser de manière pérenne pour s'établir comme des acteurs utiles. Parmi ceux-ci figurent :

- Mobiliser des financements extérieurs (c'est-à-dire agir comme coordinateur entre les investisseurs et les entreprises, animer un réseau d'institutions) ;

- Agir en « diplomates » financiers en guidant les investisseurs et en agissant « en tant qu'intermédiaires qui combinent le financement international du climat et du développement public avec leurs propres ressources pour aider à mobiliser et à augmenter les investissements privés dans les infrastructures LCCR[137] » ;

- Accepter leur rôle d'influenceurs politiques et agir de manière à « contribuer à l'élaboration de cadres politiques généraux et spécifiques pour encourager et canaliser les investissements privés vers les infrastructures LCCR » ;

- Faire tout cela de manière à augmenter les investissements dans les infrastructures LCCR.

Le plus remarquable dans ce papier est que les auteurs plaident pour que les banques de développement soient proactives et ne se contentent pas d'un rôle de coordinateur, là où beaucoup d'autres recherches académiques d'époque avaient une conception minimaliste du rôle de ces banques et voulaient les cantonner à un rôle d'entremetteurs financiers. Rien de cela ici,

[137] « *Low Carbon and Climate Resilient* »

car les auteurs considèrent que les BD doivent agir « en tant que développeurs capables d'identifier et de développer des projets bancables et (ou) d'investir dans des projets de nouvelles technologies qui prouvent leur viabilité commerciale »[138]. Cependant, tout cela nécessite que les banques de développement soient bien équipées. Or, les BD des pays en développement sont souvent en proie aux mêmes problèmes que les gouvernements eux-mêmes, à savoir le manque de fonds dédiés aux projets verts, une mauvaise gouvernance, une mauvaise administration, et une opacité généralisée. L'étude note donc que si elles veulent être efficaces, les BD doivent « être bien gouvernées », c'est-à-dire être dirigées par des hauts fonctionnaires dignes de confiance, aidés par des experts, nommés de manière transparente et agissant dans la transparence, sans procédures de recrutement népotiques ou ayant trait à la corruption. Elles ont également besoin d'un « mandat clair et d'un siège à la table des politiques », car une telle entité perd en pertinence si elle n'est pas invitée à exprimer son point de vue sur les décisions de politique économique et écologique et si elle ne peut apporter aux gouvernants le fruit des recherches qu'elle mène grâce à l'accès dont elle dispose aux marchés et à ses acteurs. Le poids de la banque de développement et la banque centrale, par ailleurs, est le plus fort aux yeux des acteurs politiques lorsque les deux institutions s'expriment d'une même voix.

Bien entendu, le prérequis à la réussite de la mission d'une banque de développement est qu'elle dispose d'une capitalisation de base et d'un budget suffisants, sans quoi elle ne pourrait remplir ses missions et se trouverait démunie face aux marchés financiers. Le bât blesse lorsque les hommes et les femmes politiques ne comprennent pas les bénéfices que ces institutions apportent à leur pays. Le bon développement des banques de développement tient, non seulement au bon management de leur portefeuille, mais aussi à la confiance de ses créateurs en ce qu'ils ont créé. Sans capital de départ, qui est généralement conféré par les pouvoirs publics, la banque de développement restera lettre

---

138 Griffith-Jones, S., Samantha, A., Matthew, G. (2020), "Securing climate finance through national development banks", Overseas Development Institute

morte. Aussi, si elle ne dispose pas des moyens techniques permettant un accès commode aux marchés, nationaux comme internationaux, elle ne pourra mener à bien sa mission. La note collective appelle donc les gouvernements à prendre la responsabilité du bon lancement des banques de développement vertes. Ce lancement doit lui-même être précédé par « l'approfondissement des marchés de capitaux locaux [...], nécessaire pour surmonter les problèmes d'échelle et les contraintes réelles et perçues en matière de ressources publiques dans de nombreux pays en développement ».

Sans un mandat clair qui leur donne explicitement des injonctions sur le caractère « vert » de leur mandat, les banques de développement ne seront pas en mesure de travailler efficacement[139]. Les ressources des pays en développement étant limitées, les banques de développement ne devraient pas hésiter à rechercher une coopération ou une aide internationale, que ce soit avec des organisations internationales, des autorités étrangères ou d'autres banques de même nature, afin de créer des réseaux étroits qui facilitent l'acheminement de financements[140]. En effet, ces banques d'investissement ne peuvent travailler seules pour remplir leurs objectifs ; comme précédemment expliqué, la bonne canalisation des fonds verts sur les marchés requiert une variété d'acteurs. La GIB et la CEFC ont conclu des accords de cofinancement avec des fonds et des banques commerciales et mis en place des programmes à cet effet. Par conséquent, convaincre les investisseurs institutionnels est primordial pour le succès du financement vert. Comme le note Sachs, sur la base d'une étude de 2015 de la Banque mondiale, « les investisseurs institutionnels sont [les plus grands] fournisseurs de capitaux aux sociétés cotées, gérant près de 100 000 milliards de dollars d'actifs dans les seuls pays de l'OCDE. En raison de leur taille, et parce qu'ils relaient les préoccupations climatiques des épargnants vers les marchés financiers, les investisseurs institutionnels sont idéalement placés pour orienter l'allocation des capitaux des entreprises vers des utilisations plus durables ».

---

139 *Ibid.*

140 *Ibid.*

La question de la diversité des acteurs et des parties prenantes dans un système financier vert a suscité des recherches intéressantes ces dernières années. Cela a notamment été le cas dans les pays africains, qui subissent tous le manque de profondeur de leurs marchés de capitaux, et qui ont donc fait de la coopération nationale et internationale un impératif de développement. Kelly Mua Kingsley, une économiste du Cameroun, s'est illustrée par ces travaux sur ce sujet. Elle a notamment synthétisé l'organisation d'un système financier vert par rapport aux investisseurs privés et aux institutions de coopération dans un graphique organisationnel qui montre tous les acteurs qui sont affectés par et exercent une influence sur la finance verte dans le secteur privé. Elle recense ainsi des acteurs évidents, comme les banques d'affaires, autant que des agents économiques de premier plan mais pourtant souvent oubliés par les travaux sur la finance verte, tels que les entreprises du secteur immobilier, ou encore les compagnies qui fabriquent des indices financiers verts.

Les chercheurs reprennent ici un autre article de recherche, publié en 2010 par J. Koo, intitulé « The current status and future of green finance », de l'Institut coréen des finances[141]. L'auteur avait plaidé en faveur de la structuration d'un véritable réseau coordonné d'entreprises, avec l'appui du gouvernement et la participation de la banque de développement, de banque centrale et de banques d'investissement, afin de stimuler les opportunités d'investissement dans des projets verts sur les marchés émergents. Sans tout cela, a-t-il écrit, l'ensemble du dispositif ne pourrait pas fonctionner dans les pays dont le secteur financier est faible en raison du manque d'impulsion politique et de coordination.

4.1.2 Éviter un effet d'éviction vert dans les environnements où les capitaux sont rares

Alors que les pays occidentaux ont créé une architecture financière et un système juridique qui permettent aux capitaux de

---

[141] Koo, J. (2010), "The current status and future of green finance", Korea Institute of Finance Papers

circuler assez librement et de se reproduire, les pays en développement sont généralement confrontés à la rareté des capitaux et ne disposent pas de la structure économique qui leur permettrait d'accueillir des masses de capitaux étrangers. Les pays en développement sont confrontés à la rareté du capital productif de long terme, ce qui signifie que le gouvernement, et plus encore les entreprises, peuvent avoir du mal à trouver des fonds suffisants pour financer leurs projets. La situation est pour eux difficile, plus encore du fait que les influx de capitaux sont très dépendants des taux d'intérêt pratiqués par les pays occidentaux ; chaque augmentation des taux d'intérêt de la Réserve fédérale conduit ainsi à des sorties importantes qui fragilisent l'économie entière. Avant l'adoption de règles strictes concernant les réserves de changes dans les années 2000, les pays émergents connaissaient de ce fait, de manière cyclique, des situations de tension extrême sur leurs réserves.

Cette rareté relative du capital de long terme, ainsi que l'instabilité des capitaux de court terme, sont un problème majeur pour ces pays. Cette « pénurie » a empêché les pays en développement de croître et de favoriser la formation d'un système financier solide et complexe, ce qui a en retour pour effet de ralentir la croissance et d'entraver le développement de la finance verte à moyen terme. C'est particulièrement vrai pour les pays africains[142]. Un grand nombre d'entre eux dépend de l'aide publique au développement, qui est leur première source de flux financier. D'autres s'appuient aussi sur les transferts de fonds : les enfants, devenus adultes, partent pour un pays étranger, et envoient chaque mois de l'argent à leur famille pour les aider. Les pays dont les habitants envoient le plus de fonds à l'étranger sont ceux qui disposent des plus fortes populations étrangères, telles que les Etats-Unis, l'Arabie saoudite et les Emirats Arabes Unis.

Le problème de la rareté du capital n'est pas nouveau. Le modèle de croissance exogène de Solow avait montré à quel point la croissance du capital par tête était déterminante dans la croissance économique totale. Dans les années 1970 et 1980, des

---

[142] UN EP, (2016), "UN Green finance for developing countries", *UN EP Papers*

économistes du développement ont abordé le sujet sous un angle différent. Les économistes de la synthèse soutenaient que les pays africains devaient se spécialiser dans des productions à forte intensité de main-d'œuvre et de ressources naturelles pour compenser leur retard économique (et, notamment, leur retard dans le domaine financier). Si cela pouvait constituer une partie de la réponse, des économistes du développement, eux, tendaient à considérer que les pays confrontés à une pénurie de capitaux ne seraient de toute façon pas en mesure de compenser suffisamment le manque de capitaux par de telles politiques, même en utilisant les outils de leur banque centrale. Ils préconisaient la mise en place des stratégies de croissance capitalistique holistes. En d'autres termes, ils affirmaient qu'une coopération stratégique à long terme entre le secteur public et le secteur privé serait le seul moyen de surmonter la pénurie de capitaux[143]. Cette option fut choisie par un certain nombre d'Etats asiatiques et donna naissance à un modèle d'intervention étatique appelé « Developmental State » (Etat développementaliste)[144].

Une telle politique holiste semblait d'autant plus nécessaire que les études de l'époque, et encore celles d'aujourd'hui, montrent la faiblesse de l'avantage comparatif des pays en voie de développement aux yeux des investisseurs. Même si le produit marginal du capital est généralement plus élevé dans les pays où le capital est rare que dans ceux où le capital est abondant, le taux de rendement financier est à peu près le même dans tous les pays[145]. Un investisseur n'est donc guère incité à choisir un pays en développement lorsqu'il peut choisir d'investir dans un marché plus sûr, comme celui de l'Union européenne, qui offre de bonnes infrastructures, de bons rendements et la sécurité, ou dans un

---

143 Khatkhate D. (1980), "Capital Scarcity and Factor Proportions in Less Developed Countries", *Journal of Post-Keynesian Economics*, Vol. II

144 Auréolé d'un certain succès en Asie, ce modèle a été importé par quelques pays d'Amérique du Sud, y subissant un échec retentissant.

145 Chari, A., Rhee, J. (2020), "The Return to Capital in Capital-Scarce Countries", *National Bureau of Economic Research Paper Series*

marché à la pointe de l'innovation comme celui des Etats-Unis. Cette situation joue en défaveur des pays en développement.

C'est pourquoi il est important de reconnaître la déficience des banques centrales dans ce domaine particulier, et d'admettre la nécessité de l'action d'une variété d'acteurs tels que les banques d'investissement. Il n'est pas surprenant que les pays pauvres qui sont aujourd'hui les plus avancés dans le domaine de la finance verte aient commencé la transformation de leur système financier en mettant en place des banques publiques ou des banques internationales de développement qui les aident à canaliser directement les fonds vers des projets verts, au lieu de s'appuyer sur un système financier dont ils savent qu'il ne leur apporte aucun avantage. La première étape de la mise en place de leur système a été de réunir tous les acteurs pertinents autour de la table.

Le rapport annuel « State of Green Banks » de 2020 fait une synthèse de la création des banques vertes jusqu'à aujourd'hui. 50 % des banques de développement vertes qui ont été créées proviennent de pays à revenu moyen-inférieur, et 8 % de pays à revenu inférieur. Par région, 13% ont été créées en Amérique Latine, 8% au Moyen-Orient et en Afrique du Nord, et 25% en Afrique sub-saharienne. La plupart de ces banques vertes ont été fondées sous l'impulsion du ministère des Finances (dans 63% des cas) et des banques centrales (52% d'entre elles), sachant que l'impulsion peut venir des deux à la fois. Les ministères de l'Environnement, souvent très faibles dans la hiérarchie ministérielle dans les pays en développement, sont pour moins d'un tiers à l'origine de la création de ces banques. Les chiffres sont plus faibles en ce qui concerne le secteur privé : dans 19% des cas, les associations bancaires et commerciales sont étroitement liées à la création de banques vertes, et le chiffre tombe à 4% pour les banques commerciales elles-mêmes. Si l'État et les banques centrales ont compris comment les banques peuvent aider à canaliser des fonds dans ces environnements où les capitaux sont rares, cette prise de conscience n'est pas encore à l'ordre du jour au niveau des entreprises non financières, peu informées pour la plupart[146].

Une étude de la provenance et de la structure des fonds des banques de développement des pays les plus pauvres est pleine d'enseignements. Un pays développé au PIB par habitant élevé comme les États-Unis ne va pas se reposer, en ce qui concerne sa banque de développement, que sur l'Etat central ; 25 % seulement du capital de sa BD provient du gouvernement fédéral. Les pays pauvres, comme la République kirghize, doivent eux se reposer sur l'aide multilatérale : 10 % du capital de sa BD provient de l'aide étrangère bilatérale et 80 % des banques de développement multilatérales (par exemple, la Banque asiatique de développement). Les pays pauvres qui ont le plus pris au sérieux la question de la finance verte mais qui ne disposent pas de la confiance des institutions multilatérales ont une banque de développement caractérisée par une proportion élevée de fonds provenant du gouvernement. Le chiffre atteint par exemple 80% au sein du budget de la banque de développement verte de la Zambie[147].

Les institutions multilatérales, qui n'appartiennent à aucun pays mais sont créées par des institutions internationales et des associations de pays, jouent aussi un rôle important. Dans un rapport intitulé « Greening finance », la Banque de France évoque longuement le rôle joué par l'Africa Climate Business Plan (ACBP), créé et financé par la Banque mondiale dans le but de développer des actifs et des cadres verts pour les pays africains qui hésitent à créer leur propre banque de développement. L'organisation a eu un certain succès jusqu'à présent, bénéficiant d'« un financement de 19,3 milliards d'USD pour la période 2016-20 ». Certains pays sont toutefois exclus *de facto* de cette organisation, car elle est spécialisée dans le financement de la résilience climatique des pays subsahariens. La Banque mondiale a également créé le Fonds d'investissement climatique (FIC), qui a investi plus d'un milliard de dollars à l'époque dans le financement de la résilience climatique. La Banque africaine de développement a créé et financé le Fonds africain pour le

[146] Rocky Mountain Institute, Green Finance Institute, Natural Resources Defense Council, "State of Green Banks 2020"
[147] *Ibid.*

changement climatique (FACC) en 2014, qui a injecté plus de 10 millions d'euros en 2015 dans le verdissement de l'industrie africaine.

Les pays d'Afrique du Nord et du Moyen-Orient se sont également organisés dans un fonds international de financement vert dans les années 2010. Les premiers projets étaient locaux ou nationaux. Le Liban, par exemple, a été particulièrement actif avec sa banque centrale qui a introduit des politiques fiscales pour stimuler les prêts commerciaux aux projets verts, comme nous l'avons vu[148]. En 2011, il a créé, avec plusieurs pays voisins, le Fonds arabe pour l'environnement. Cette institution a un mandat environnemental et économique lié à l'atténuation des risques et à la transition écologique. Elle vise à « réduire le coût de la dégradation de l'environnement dans la région arabe, à développer les compétences, à améliorer les possibilités d'emploi et à accroître les investissements dans le monde arabe »[149]. Les premiers pays à y adhérer ont été le Liban, le Maroc, la Syrie, Oman, le Yémen, la Jordanie, l'Irak, la Palestine et la Tunisie. D'autres membres se sont joints à eux, comme la Syrie. Tous ces pays sont confrontés à un degré différent de pénurie de capitaux, mais certainement pas tous dans la même mesure ; le fonds leur permet de bénéficier d'investissements communs dans des projets d'énergie verte et de préservation de l'eau. Le fonds tente ainsi d'apporter une réponse aux besoins de la région en l'alimentant en investissements verts, et ce dans le but de faire face aux graves problèmes de sécheresse et de sols qui, loin d'être un horizon de long terme, constituent déjà des problèmes cruciaux[150].

---

[148] Saab, N. (2017), "Arab Environment in 10 Years", *Arab Forum for Environment and Development Papers*

[149] United Nations Economic and Social Commission for Western Asia, (2006), "Arab Environment Facility", Déclaration officielle

[150] Nations unies (2020), "Policy Brief: The Impact of COVID-19 on the Arab Region An Opportunity to Build Back Better"

4.2 Admettre la complémentarité de la finance verte et brune

Le secteur du textile et des vêtements fonctionne par vagues successives de modes ; le monde de la recherche économique est aussi rythmé par des tendances de fonds qui se succèdent sans se ressembler. Les découvertes récentes sont perçues avec suspicion tant qu'on dispose de peu de travaux solides et de données intéressantes, puis avec intérêt une fois les premiers chercheurs lancés. Avec le temps, les programmes de recherche s'épuisent et la recherche dans le domaine en question se banalise, permettant aux chercheurs de travailler sur d'autres sujets. La finance verte n'a pas échappé à ce cycle. Les recherches des années 2010 ont vu un regain d'optimisme du fait des résultats positifs des études économétriques d'alors qui montraient comment certaines politiques vertes avaient obtenu des résultats positifs. Quelques nuages semblent pourtant déjà se profiler à l'horizon. Le premier argument opposé à la finance verte est que, fondamentalement, un système financier ne peut être 100 % vert. Le deuxième est que la ligne de séparation entre les industries vertes et les industries brunes est souvent trop fine pour que les politiques de soutien aux investissements verts fonctionnent de manière satisfaisante.

4.2.1 La difficulté à parvenir à un système financier 100 % vert

Il est compréhensible que la finance verte soit l'objet de grands espoirs pour de nombreux pays. Les pays riches y voient un moyen de catalyser leurs fonds prêtables pour assurer la soutenabilité du système tout en garantissant des profits futurs ; les pays pauvres considèrent la finance verte comme un bon compromis entre l'élévation du niveau de vie et la protection de l'environnement. Ces espoirs sont, en plus, soutenus par d'innombrables innovations en matière d'actifs financiers et d'outils que les banques centrales peuvent manier. La finance verte n'est, pourtant, en aucun cas une panacée. Les spécialistes de la finance doivent reconnaître ses limites, ainsi que celles des banques centrales, et prendre conscience des difficultés permanentes de la mise en place d'un système financier vert. Pour certains auteurs, atteindre un verdissement total du système financier est impossible.

Bien que les banques centrales, les banques d'investissement, et autres, puissent faire beaucoup pour développer la finance verte et permettre de combler le fossé entre ce qui est nécessaire à la transition vers une économie verte et ce qui est effectivement investi, elles ne peuvent en aucun cas, pour le moment et pour encore longtemps, couvrir entièrement les besoins des pays en développement. Ces pays ont des besoins énergétiques croissants pour répondre aux exigences de leur croissance et de leur développement. Pourtant, la finance verte ne représente qu'une infime partie des flux de capitaux mondiaux, qui ne peuvent, à eux seuls, couvrir tous les besoins.

Cela nous conduit à une vision pessimiste de la finance verte. Comme le souligne *The Economist* dans un article récent, la création d'un système financier entièrement vert est impossible tant que les « externalités des émissions de gaz à effet de serre ne sont pas correctement évaluées dans le coût de l'énergie », c'est-à-dire tant que le prix de l'énergie ne reflète pas son utilité (individuelle et sociale) en raison de la non-prise en compte des externalités négatives dans le prix[151]. Ce problème de signal bloque le bon fonctionnement des marchés et le freine, et il en sera ainsi tant que les pays ne s'accorderont pas sur un cadre unifié qui permettrait d'intégrer les conséquences de la pollution dans le prix. Or, cela devrait prendre plusieurs dizaines d'années. « Greening China's Financial System », une note écrite par l'Institut international, affirme que l'élaboration d'une taxonomie unique pour la finance verte dans les pays en développement prendra au moins une vingtaine d'années. Des changements irréversibles se produiront dans les pays en développement et dans le monde avant que cela ne devienne réalité. Le chemin de la convergence est donc lent, mais obligatoire.

De plus, *The Economist* note que les acteurs qui se mobilisent actuellement en faveur de la finance verte ne disposent pas d'un effet de levier suffisant et ne contrôlent pas suffisamment de

[151] Anonyme (2020), "Green investing has shortcomings", *The Economist*

fonds pour avoir un impact important sur la finance verte : « Les investisseurs verts dévoués pourraient encore appeler à des décisions respectueuses du climat, mais ils n'auraient pas assez de poids pour déterminer le comportement des entreprises ». Les banques centrales peuvent avoir comme seul mandat la stabilité des prix, et (ou) la croissance, et donc avoir peu de possibilités pour réaliser des objectifs liés à l'environnement. Certes, en 2016, en partie grâce à sa banque centrale, « le financement vert du Bangladesh [...] représentait environ 5 à 6 % du PIB du pays et 22 % du budget total du gouvernement », mais il s'agit de l'exception et non de la règle. *The Economist* affirme en conséquence que « les Etats doivent [...] s'impliquer et considérer la finance verte comme une priorité absolue – or elle est rarement en tête de leur agenda, car ils ont tendance à privilégier les projets qui permettent la croissance économique sans prendre en compte les enjeux écologiques... »[152].

Outre les États et les institutions publiques, la finance verte ne peut fonctionner qu'à travers un réseau d'acteurs divers, parmi lesquels les entreprises, et plus particulièrement celles de taille petite ou moyenne. Elles sont les plus nombreuses dans le monde en développement, mais elles n'ont que peu ou pas d'accès au crédit vert ou aux flux financiers verts. S'il ne fait aucun doute que les grandes entreprises, les multinationales, pourront bénéficier du crédit vert des banques et, indirectement, des exigences vertes différenciées que les banques centrales peuvent mettre en place, il sera plus difficile d'atteindre les PME... alors que ces mêmes PME sont au fondement de l'activité économique dans les zones les moins intégrées à la mondialisation et aux flux commerciaux et capitalistiques interrégionaux. Ces zones les plus pauvres sont souvent les plus exposées aux défis climatiques[153].

Il faut aussi prendre en considération la complexité des liens entre la finance verte et le système bancaire. Le rôle des banques, en tant que canalisateurs de fonds, est absolument fondamental pour faciliter la transition vers une économie verte. Cela dit,

---

152 *Ibid.*

153 Fisher, P. (2019), " What are the challenges of green finance?", London Institute of Banking and Finance

trouver un accord entre les banques commerciales n'est pas une tâche facile, surtout dans les pays où l'État n'a pas le poids nécessaire pour imposer un accord. Le rapport de synthèse du G20 sur le financement vert de 2016 souligne ce problème, en notant que « l'incapacité du secteur bancaire à évaluer pleinement les risques associés à un risque hautement complexe et évolutif est un obstacle majeur ». Comme il a été dit précédemment, les banques centrales auront du mal à compenser la faiblesse du système bancaire s'il n'y a pas de volonté politique à l'œuvre.

Le dernier problème est celui de la préférence des investisseurs. Certains investisseurs se qualifient eux-mêmes de « verts », en raison de leur propension à investir dans des projets d'infrastructures vertes ou des projets énergétiques verts. Cependant, ces investisseurs sont une minorité. Leurs confrères et consœurs cherchent généralement à équilibrer leur portefeuille en trouvant le juste milieu entre le risque et le rendement. La plupart des modèles économiques postulent la rationalité des investisseurs, qui sont représentés comme des maximisateurs de profit. Si deux actifs présentent un risque similaire mais que l'un d'entre eux a un rendement plus élevé, il serait logique que l'investisseur choisisse celui-là. Pourtant, un système financier 100 % vert nécessiterait qu'il y ait une préférence absolue pour les actifs verts plutôt que pour les actifs polluants – en d'autres termes, dans un tel système, il n'y aurait pas d'indifférence de l'acheteur à l'égard de l'impact écologique d'un placement. Un investisseur qui aurait le choix entre deux obligations présentant un risque similaire et dont l'obligation verte aurait un rendement inférieur, la préférerait à l'obligation conventionnelle. *A minima*, en cas d'égalité en termes de risque et de rendement, il préférerait systématiquement l'actif vert[154].

Mais cela ne semble pas être le cas pour le moment. La littérature sur le sujet est vaste et arrive à la conclusion que dans la plupart des situations, il n'y a pas de preuve d'une préférence pour les obligations vertes. L'étude d'Emmi Östlund en 2015

154 Hyun, S., Park, D., Tian, S. (2019), "Differences Between Green Bonds Versus Conventional Bonds An Empirical Exploration", in *Handbook of Green Finance*

montre qu'il n'y a aucun signe, dans les comportements des investisseurs, de préférence verte. Un autre article d'Olivier David Zerbib en 2017, utilisant une plus grande base de données, a trouvé qu'il pourrait exister une prime de risque pour les obligations vertes (« *greenium* ») ; or, le *greenium*, comme on l'a vu précédemment, désincite à l'achat et rend plus coûteux l'emprunt. Il estime toutefois que cette prime n'est qu'une « petite prime négative », et non quelque chose de structurant. De plus, il considère que le résultat doit être interprété avec prudence, car une partie de la petite prime négative est due au nombre élevé d'obligations mal notées dans son échantillon[155].

D'autres études donnent des raisons d'être optimiste sur le sujet. Certaines qui ont été réalisées avec des données provenant de pays en développement sur le comportement et le rendement des actifs ont montré qu'il était fréquent que les actifs verts aient des rendements identiques ou supérieurs, permettant d'équilibrer leur risque. Une étude réalisée en 2014 avec des données sur la place financière indienne (« Green investing: The case of India ») montre que les portefeuilles 100% verts ont un rendement plus élevé que les portefeuilles 100% gris[156]. Il n'y a donc pas de consensus académique sur le sujet pour le moment. Toutes ces raisons expliquent pourquoi certains économistes affirment que vouloir développer la finance verte n'est pas suffisant et qu'un changement progressif dans les mentalités et les objectifs affichés des investisseurs sera, à terme, nécessaire[157].

4.2.2 La finance verte pour les industries brunes

Le concept même de finance verte repose sur une *summa divisio* entre la finance considérée comme bénéfique pour

---

[155] Zerbib, O. (2016), "Is There a Green Bond Premium? The Yield Differential Between Green and Conventional Bonds", Journal of Banking and Finance, Vol. 98

[156] Chakrabarti G., Sen C. (2014), *Green Investing: The Case of India*, Springer

[157] Prager, A. (2019), "Sustainable financing may have its limits", *Euractiv*

l'environnement et la finance qui lui est néfaste. Pour qu'il y ait des actifs verts, il doit y avoir des actifs non verts ; par exemple, le rapport sud-africain « Developing a National Green Finance Taxonomy » divise la taxonomie financière en trois blocs : brun, vert et social. Il admet que la taxonomie sociale puisse chevaucher les deux autres, mais, fait intéressant, il n'envisage jamais le chevauchement potentiel d'actifs verts et bruns. Comme nous allons le montrer, c'est une lacune importante, car de nombreuses recherches montrent que les banques centrales et les décideurs publics doivent reconnaître, pour être vraiment efficaces, que le brun et le vert peuvent cohabiter dans les faits.

Les banques centrales ont des pouvoirs de régulation et d'incitation, comme nous l'avons vu. Cependant, elles doivent composer avec la base entrepreneuriale nationale, qui présente souvent, dans les pays en développement, une importante concentration brune. Ces pays sont ce qu'on a appelé des « paradis de la pollution », c'est-à-dire des États où la réglementation en matière de pollution est faible. Ce facteur a joué un rôle significatif dans l'attrait qu'ils exercent sur les riches entreprises occidentales, au même titre que le faible coût de la force de travail.

En effet, les pays en développement abritent certaines des industries les plus intensives en carbone de la planète. La spécialisation de ces pays repose sur des industries très polluantes, comme les mines de pétrole, de gaz et de charbon, qui leur confèrent un avantage comparatif sur les pays riches, qui sont frileux à l'idée d'implanter ces industries sur leur territoire. Dans un article intitulé « Greening monetary policy »[158], l'économiste Dirk Schoenmaker a montré que l'intensité moyenne de carbone par industrie était la plus élevée pour les entreprises liées au pétrole, au gaz et au charbon et à la fabrication et transformation de matériaux, c'est-à-dire celles qu'on trouve le plus souvent dans les pays émergents.

De nombreux pays développés se sont spécialisés dans les services et les technologies de pointe à forte valeur ajoutée, plutôt que dans les activités industrielles ordinaires. Les services sont

[158] Schoenmaker, D. (2019), "Greening monetary policy", *voxeu*

moins polluants que l'industrie et nécessitent généralement des travailleurs plus qualifiés. Les pays en développement exportent la majorité des produits manufacturés du monde, ce qui rend plus difficile pour eux la décarbonisation de leur économie, même par le biais d'incitations, car ces dernières ne sont souvent pas assez fortes pour convaincre les entreprises de modifier leur comportement. Il est d'autant plus problématique que les initiatives vertes prennent racine dans des pays où la société civile se constitue pour participer et exiger que les industries respectent l'environnement, car les pays émergents ont souvent une société civile éclatée, et ont tendance à mettre la croissance économique au premier plan, même si elle remet en cause les normes sanitaires et de santé.

Ce problème a été étudié par Markus Grillitsch et Teis Hansen dans leur étude de 2019 intitulée « Green industry development in different types of regions ». Ils affirment que les pays ayant une « spécialisation dans une industrie sale » ont « des défis complètement différents en termes d'écologisation de l'économie ». Les régions « spécialisées dans les industries polluantes sont similaires car elles sont confrontées à de fortes contraintes liées à la spécialisation existante ». En d'autres termes, il sera difficile de faire pression sur les pays polluants pour transformer le capital sale en capital vert, car c'est tout un travail de reconfiguration de l'appareil productif qui doit être réalisé en amont. De même, les banques centrales devront utiliser tout leur pouvoir réglementaire et leurs outils monétaires pour donner confiance aux investisseurs dans les secteurs verts, tout en sachant qu'elles seront à contre-courant de ce dont l'économie de leur pays a besoin pour fonctionner, c'est-à-dire du capital brun. Comme les politiques des banques centrales en lien avec la finance verte visent à rendre les capitaux verts plus attractifs que les capitaux bruns, il est probable que les investisseurs ne seront pas convaincus par « des stratégies qui dévaluent les investissements passés et vont donc à l'encontre des intérêts particuliers ». Enfin, le document plaide en faveur de la mise en place de politiques d'éducation, de recherche et de développement qui faciliteraient l'introduction de « nouvelles technologies, provenant souvent de l'extérieur de la région, qui réduisent l'impact environnemental » des technologies polluantes utilisées dans le pays[159].

L'autre problème est celui des déficiences des obligations vertes. Il est dans leur nature d'être utilisées pour financer des projets définis *ex ante* comme verts, nous l'avons dit. Un article de 2020, en revanche, trouvait que les obligations vertes n'atteignaient pas toujours leurs objectifs. En calculant l'intensité de carbone des entreprises en divisant leur pollution en trois catégories (Scopes 1 à 3, 1 étant la pollution directe et 3 les formes de pollution les plus indirectes), les auteurs montrent qu' « environ 60 % des émetteurs d'obligations vertes de notre échantillon montrent une réduction de leur intensité carbone Scope 1 après trois ans ; mais seulement environ 30 % montrent une réduction nette lorsque l'on prend les intensités carbone du spectre qui va des Scopes 1 à 3 ». À l'aide d'un ratio d'émissions de carbone par rapport au revenu, qui correspond à la production de carbone par 1 $ de revenu, ils montrent que l'émission et l'échange d'actifs verts ne sont pas une panacée et ne peuvent finalement pas remplacer les investissements dans les technologies vertes. Ils concluent que « les entreprises qui utilisent des technologies et des énergies plus vertes peuvent réduire leurs émissions de carbone pour un même niveau d'activité économique et une même taille »[160].

La dernière question est celle du double positionnement des entreprises. On pourrait émettre l'hypothèse que les entreprises qui investissent le plus dans la finance verte et les projets verts sont les moins polluantes. Il semble que ce soit le contraire : dans une étude de 2016, Michal A. Urban et Dariusz Wójcik ont analysé les flux financiers verts et le comportement des banques d'investissement vis-à-vis du capital vert. Ils remarquaient que les entreprises énergétiques les plus polluantes étaient aussi celles qui investissaient le plus dans les énergies vertes et émettaient le plus d'actifs verts. Ils concluaient ce qui suit :

---

159 Markus, G., Hansen, T. (2019), "Green industry development in different types of regions", *European Planning Studies*, Vol. 27

160 Ehlers, T., Mojon, B., Packer, F., Pereisa da Silva, L., (2020), "Green bonds and carbon emissions: Exploring the case for a rating system at the firm level", *Bank of International Settlement Quarterly Review*

« Aujourd'hui, il n'est pas rare qu'une même entreprise se vende [après] des fonds d'investissement [comme n'utilisant plus d']énergie fossile, et propose en même temps des prêts commerciaux pour le traitement [du gaz de schiste] […] ou le forage dans l'Arctique »

Les auteurs notent également que « ce paradoxe est sous-tendu par une lacune majeure dans la manière dont la durabilité a imprégné les marchés primaires et secondaires, ce qui, selon nous, appelle à repenser sérieusement la transition vers la durabilité dans la finance »[161]. Ils démontrent que les banques d'investissement n'ont pas encore pris en compte la transition écologique – elles continuent à fournir des services complets à des entreprises polluantes sans le prendre en compte dans leur accompagnement. Une réglementation de la part des banques centrales est donc nécessaire.

---

[161] Urban, M., Wojcik, D. (2019), "Dirty Banking: Probing the Gap in Sustainable Finance", *Sustainability*, vol. 11

Chapitre 5. La finance verte dans les relations internationales et la géopolitique mondiale : géoéconomie des flux financiers verts

Le terme de géopolitique pourrait, dans un ouvrage traitant de finance verte, surprendre. Déjà, parce que le terme est peu utilisé en France : il désignait, au XIXème et au XXème siècles, un ensemble de doctrines bellicistes énoncées par des auteurs, souvent nationalistes et qui, pour certains, basaient leurs recommandations sur une conception organique, si ce n'est mystique, de la nation. La plupart des théories géopolitiques de l'époque avaient pour principal objectif de légitimer la conquête territoriale ou le contrôle de zones considérées comme névralgiques. La géopolitique allemande a une place de choix dans la matrice idéologique national-socialiste – le *Lebensraum* et le pangermanisme étant, originellement, des concepts géopolitiques. L'après Seconde guerre mondiale a donc vu un effacement rapide de la géopolitique et son remplacement par ce que l'on a appelé les « relations internationales », qui cherchaient à fonder un savoir sur les relations entre les Etats avec une rigueur académique. Cette discipline a toutefois minorisé les questions géostratégiques. Restée confinée dans les milieux militaires, la stratégie a progressivement muté en se mélangeant avec la polémologie et la géographie pour devenir ce que l'on a appelé, à partir des années 1980, la géopolitique moderne. Aujourd'hui enseignée dans des institutions telles que les Sciences Po de Bordeaux, Lille et Paris, à l'Institut français de géopolitique (Paris 8) ainsi qu'à l'Ecole normale supérieure de la rue d'Ulm, elle vise à identifier le spectre des modes de confrontation entre les Etats, mais aussi entre des acteurs privés dès lors qu'ils acquièrent une importance systémique, et ce toujours en rapport avec la configuration des territoires. La géoéconomie est la branche de la géopolitique qui s'intéresse à l'utilisation de l'économie comme ressource de puissance.

La finance verte étant un sujet relativement nouveau dans le monde académique économique, il est peu dire que la géopolitique s'y soit peu intéressée. Envisager la finance verte et le *green central banking* sous l'angle des stratégies de puissance ne va pas de soi ; la banque centrale est généralement considérée comme relevant du domaine de l'économie, et la finance verte de celui de la finance. Pourtant, à l'instar de la finance, la finance verte est perçue par un nombre croissant de gouvernements comme une opportunité pour atteindre leurs objectifs géopolitiques. Sur le grand échiquier, toute innovation peut être utilisée pour augmenter la puissance nationale, et la finance verte en fait partie.

5.1 La finance verte comme opportunité d'avantage compétitif pour les pays en développement

La finance a été un facteur de puissance économique et de *soft power* pour les pays développés qui, au XXème siècle, ont su le mieux en exploiter les forces et les opportunités. La finance est un outil d'attractivité pour les pays : les principales économies du monde possèdent des grands centres financiers, et ont des banques centrales qui surveillent les marchés et y jouent un rôle actif. En garantissant la transparence et la publicisation des informations, et grâce à leur tissu économique, les pays développés captent une majeure partie des investissements internationaux et stimulent leur croissance.
Le FMI, dans un rapport de 1983 intitulé « Alternatives to the Central Bank in the Developing World » questionnait le rôle des banques centrales dans les pays émergents. Les auteurs affirmaient que les banques centrales seraient difficiles à remplacer dans ces zones du monde, car c'est là, précisément, qu'une institution publique aidant à la canalisation d'investissements et supervisant la stabilité financière était le plus nécessaire. En s'attardant sur le rôle de stabilisation financière de la banque centrale, les économistes mettaient le

doigt sur le fait que l'existence d'un système financier national structuré, transparent et efficace, avec des régulateurs reconnus, des banques solides et des droits de propriété clairs, permet à une économie de produire de la richesse de manière régulière et d'être compétitive. En des termes géopolitiques, on dirait que la banque centrale peut s'inscrire dans une stratégie de puissance qui permet au pays de rester pertinent à l'échelle internationale.

La finance verte sera, sur le long terme, un facteur d'avantage compétitif pour les pays. Il est nécessaire de rappeler qu'ils cherchent tous à attirer des capitaux pour servir leurs intérêts, et qu'une concurrence féroce oppose les centres financiers internationaux pour ces flux. Les organismes internationaux qui produisent de la recherche économique, comme la Banque mondiale, ne sont pas dupes de cette situation et prodiguent dans leurs rapports des conseils qui, appliqués, devraient permettre aux pays en question d'améliorer leur compétitivité financière. A propos de la Russie, par exemple, elle a écrit qu'elle pourrait accroître son attractivité en « institutionnalisant et en intégrant des rapports sur les impacts sociaux et environnementaux » à l'activité des entreprises et sociétés financières ; ce serait, à long terme, « une stratégie gagnante pour attirer le nombre croissant d'investisseurs axés sur l'impact [à conscience écologique], et permettre une croissance future des marchés financiers verts en Russie »[162]. Il y a bien là une logique de puissance. Par le passé, un pays puissant disposait d'un accès rapide et sécurisé à l'énergie ; demain, le caractère vert des investissements dans le pays jouera un rôle similaire. Certains universitaires ont fait valoir qu'une stratégie de puissance basée sur la finance verte et visant à créer un avantage compétitif pour un pays devra passer par la banque centrale du pays en question, ou exiger une implication forte de l'Etat.

Dans quelle mesure un pays peut-il espérer devenir plus attractif que ses concurrents par le biais de la finance verte ? L'article « Assessment of Green Investments' Impact on Sustainable Development: Linking Gross Domestic Product Per Capita, Greenhouse Gas Emissions and Renewable Energy » se

---

[162] Banque mondiale (2018), "Russia: Unlocking Opportunities for Green Investments", *World Bank Policy Note*

penche sur le sujet. Les auteurs effectuent quelques estimations sur l'avantage compétitif moyen d'un pays qui verdit son système financier :

> « L'investissement vert pourrait provoquer une croissance du PIB par habitant de 6,4 %, une réduction des émissions de gaz à effet de serre de 3,08 % et une augmentation de la part des énergies renouvelables dans la consommation totale d'énergie finale de 5,6 %. Ces résultats prouvent qu'il existe une cointégration entre le PIB et les investissements verts »

L'un des premiers pays à l'avoir compris est Singapour. Il s'agit certes d'un pays développé, bénéficiant d'un environnement normatif de très grande qualité ; mais son cas pourrait être étudié comme un modèle, pour les pays en développement, d'instrumentalisation de la finance verte au service d'une stratégie de puissance. Le chercheur britannique Adrian T. H. Kuah prend Singapour, qui était à l'origine un petit pays pauvre, comme exemple d'utilisation stratégique de la finance, dans un article publié en 2008 intitulé « Managing Competitive Advantage : Clustering in the Singapore Financial Centre ». Ce document de travail explore comment Singapour a utilisé de manière stratégique sa banque centrale pour superviser ses marchés financiers naissants et se créer un avantage concurrentiel par rapport aux autres marchés en développement en Asie. Singapour a répliqué sa stratégie dans le domaine de la finance verte : depuis 2015, la cité-Etat tente de se positionner comme un centre régional de la finance verte, avec l'aide active de sa banque centrale. Dans cet objectif, la banque centrale a créé des taxonomies financières vertes et des incitations fiscales afin d'être le premier centre financier asiatique dans le domaine. Ainsi, le petit Etat prend une longueur d'avance sur la bourse de Tokyo et celles de la Chine, et conserve sa pertinence à l'échelle régionale et internationale[163].

Le Royaume-Uni a également mené des recherches sur la manière dont il pourrait utiliser la finance verte pour prendre de

---

[163] Direction générale du Trésor (2017), "Singapour : futur hub régional en matière de finance verte ?", *Horizon ASEAN*, n°21

l'avance sur ses concurrents continentaux, nord-américains et asiatiques. Le pays fait aujourd'hui partie des pays européens qui émettent le plus d'actifs verts, avec la France. La sortie de l'Union européenne a donné un coup au statut du pays qui, en tant que puissance moyenne de premier plan, pouvait auparavant se servir de l'UE comme marchepied et peser sur des négociations impliquant une zone riche de plus cinq cents millions de personnes. La stratégie post-Brexit du Royaume-Uni repose sur le maintien de la position du pays sur les marchés financiers internationaux, notamment face aux places de Paris, de Francfort et surtout d'Amsterdam, qui ont bénéficié de sa sortie du marché commun des capitaux. Se spécialiser dans la finance verte, sans jamais renier sa suprématie dans le domaine des devises et son primat dans le marché des actions, permettrait à Londres de se créer une avance sur tout le monde occidental et de rester un centre financier majeur.

Un rapport ambitieux de la City de Londres publié en 2016, intitulé « Globalising Green Finance: the UK as an International Hub », soulignait avant même le Brexit comment Londres devait veiller à continuer à déployer ses dispositifs de financement vert pour gagner un avantage concurrentiel sur l'Amérique du Nord et l'Union. Londres, toutefois, contrairement à Singapour, n'a pas de banque centrale dédiée. La question du soutien (indirect) de la Banque d'Angleterre à la City est toujours ouverte, mais il n'en reste pas moins impossible pour la ville de s'appuyer sur une banque centrale entièrement dédiée à sa réussite[164]. C'est bien là l'avantage de Singapour, dont la taille l'empêche certes d'être un acteur militaire et géopolitique majeur, même dans sa région, mais dont l'activisme de la banque centrale et les liens incestueux avec le pouvoir central permettent un guidage intelligent de l'outil financier à des fins de puissance.

Les pays en développement ont des banques centrales, même si elles sont peu autonomes. Cependant, pour que les pays en développement puissent développer leur attractivité par la finance verte, ils doivent d'abord approfondir leurs secteurs

---

[164] Green Finance Initiative, City of London, PwC (2016) "Globalizing Green Finance: The UK as an International Hub"

financiers de manière organisée, ce qui exige ou bien un plan concerté de la banque centrale avec les acteurs financiers, ou bien une impulsion forte de l'Etat. Un rapport français de 2017 rédigé par l'Inspection Générale des Finances indiquait que la solution ne pouvait venir que d'une coopération entre l'Etat et les acteurs publics et privés qui l'entourent. Les pays émergents, soutenait le rapport, devront investir dans les infrastructures urbaines et créer de nouveaux cadres juridiques s'ils veulent créer un terreau fertile pour la finance verte. Il préconise le recours à des institutions financières comme les banques centrales ou les institutions financières internationales pour préparer ces projets, aider leur développement et les soutenir. Il souligne l'importance de la création d'institutions multilatérales par les pays qui veulent avancer ensemble leur place sur les marchés financiers verts, et indique que « l'opportunité de créer une institution multilatérale pour financer le développement durable des villes dans les pays en développement pourrait être étudiée ». Le rapport se montre optimiste au sujet de l'utilisation par l'Etat de sa banque de développement, qui disposerait dans certains cas d'une primauté sur la banque centrale dès lors que cette dernière s'est décrédibilisée aux yeux des investisseurs (en gérant mal une situation d'inflation, par exemple). L'IGF juge aussi l'arsenal des banques centrales trop peu développé ou peu adéquat pour lutter efficacement contre le changement climatique[165]. Il conclut ainsi :

> « [Nous] recommandons d'accroître le financement public direct des autorités locales en soutenant l'ouverture de guichets de financement non souverains par la Banque mondiale, la Banque africaine de développement et la Banque asiatique de développement »

En somme, les banques centrales ont un rôle important à jouer dans la création d'un avantage concurrentiel pour les pays en développement parce que l'approfondissement des marchés

---

[165] Lemmet, S., Ducret, P. (2017), "Executive Summary French Strategy for Green Finance", *French Government Report*. La traduction est nôtre.

financiers verts nécessite la création de réglementations qui favorisent la finance verte et la mise en œuvre de politiques qui atténuent autant que possible la prime de risque associée aux actifs verts[166]. Cela n'est pas inédit, car la Banque mondiale rappelle régulièrement, dans ses rapports annuels, l'intérêt que les pays ont à mieux articler le rôle de l'Etat et celui de sa banque centrale afin de créer des marchés financiers sains. Dans son rapport annuel sur la Russie, précédemment cité, la Banque mondiale plaidait en faveur d'un « environnement réglementaire et fiscal favorable [pour] attirer davantage d'investisseurs verts et [...] offrir davantage d'options de financement », soulignant ainsi que les gouvernements doivent, pour réussir, adopter une approche holiste et non seulement sectorielle[167]. Sur le continent africain, le groupe de réflexion COMPRA a écrit dans un rapport que les gouvernements devraient utiliser tous les moyens nécessaires, y compris leur banque centrale, pour mettre en place une stratégie financière verte claire qui leur permettrait d'attirer des investissements de tout le continent. Il appelle à une implication concrète des pouvoirs publics :

> « les gouvernements doivent améliorer l'environnement politique et réglementaire et créer des mécanismes de marché qui incitent les entreprises. Pour qu'une stratégie de marché réussisse à attirer des financements verts, elle doit se concentrer [sur une stratégie qui passe par] la création d'un fonds vert dédié, la chute de la prime de risque des investissements [verts], le renforcement du crédit, et le co-investissement avec des institutions financières locales[168] »

[166] Atif Nawaz, M., Seshadri, U., Kumar, P., Aqdas, R., Karim Patwary, A., Riaz, Madhila (2020), "Nexus between green finance and climate change mitigation in N-11 and BRICS countries: empirical estimation through difference in differences (DID) approach", *Environmental Science and Pollution Research*

[167] Banque mondiale (2018), "Russia – Green Finance: Unlocking Opportunities for Green Investments", *World Bank Policy Note*

[168] Collectif (2020), "Green Finance Mechanisms in Developing Countries: Emerging Practice", *CoMPRA Policy Briefings*

Dans quelle mesure les pays en développement ont-ils déjà développé leurs centres financiers à ce jour ? Les classements annuels des centres financiers et des centres financiers verts nous donnent une première réponse. Tout d'abord, les principaux centres financiers se trouvent presque tous dans les pays développés, la Chine n'étant devenue un concurrent sérieux que récemment. On observe en effet une croissance rapide et soutenue des places financières chinoises depuis les années 2010, avec Shanghai et Hong Kong en tête, et quelques places derrière, Shenzhen et Chengdu, qui améliorent constamment leur rang mondial. Le seul pays en développement (Chine exceptée) qui possède un centre financier dans le haut de la liste des marchés financiers de niveau mondial est l'Inde, avec la Gujarat International Finance Tec-City. Elle est qualifiée de « concurrent mondial émergent ».

Les classements spécialisés en finance verte montrent que certains pays, principalement asiatiques, disposent déjà d'importants pôles financiers verts, mais que l'Europe et l'Amérique du Nord restent dominants. Les trois grands pays européens que sont l'Allemagne, la France et le Royaume-Uni arrivent à égalité avec les Etats-Unis en termes d'émissions et d'échanges d'actifs verts, et sont bien devant tout pays émergent. Ce qui manque le plus aux pays en développement pour avoir un avantage concurrentiel, c'est de disposer de manière préalable d'un marché financier structuré, stable et suffisamment profond pour attirer les futurs investisseurs. Cela rend la coopération des banques centrales nécessaire : comme l'a conclu la BAD en 2018, les pays en développement qui gèrent bien leurs marchés financiers, et créent des incitations et des taxonomies par le biais de leurs banques centrales, posent les bases d'une libération de la croissance verte dans leur pays et se propulsent au sommet de l'ordre de puissance des pays émergents[169].

Il semble opportun de souligner que les pays asiatiques ont ici un avantage indéniable. Comme le remarque la BAD, plusieurs pays asiatiques ont une tradition interventionniste et étatiste ; leur

---

[169] Dikau, S. and Volz, U. (2018), "Central banking, climate change and green finance", *Asian Development Bank Papers*

banque centrale est habituée à opérer sur les marchés et à mettre de l'huile dans les rouages financiers. Elle a donc une vision très positive du rôle potentiel des autorités monétaires – quitte à sous-estimer la nocivité que peuvent avoir des politiques mal calibrées ou procycliques sur l'économie. L'étude de la Banque asiatique de développement conclue que :

> « Les banques centrales sont en position de force pour soutenir le développement de modèles de finance verte et imposer aux institutions financières une tarification adéquate du risque environnemental et du risque carbone »

La situation de la Chine sort clairement du lot et est, en cela, particulièrement intéressante à étudier. Cela est dû au fait qu'elle est à la fois un pays en développement et un concurrent de taille face aux États-Unis. L'Empire du milieu a compris, plus que d'autres, comment la finance verte sera le moteur de sa croissance future et attirera les capitaux américains et européens. La stratégie chinoise est de ce point de vue double : elle cherche à s'intégrer dans la mondialisation, tout en actant une réorientation de ses priorités économiques vers l'intérieur du pays. Cette réorientation de l'économie chinoise vers son marché intérieur est en effet nécessaire pour soutenir la croissance des salaires chinois et du niveau de vie, qui sont au principe du pacte tacite entre la population et son parti unique. Enrichir les Chinois et se concentrer sur le marché intérieur, toutefois, requiert une forte attractivité et un positionnement stratégique à l'égard de l'extérieur. Le besoin de la Chine d'attirer des capitaux est urgent dans la mesure où la balance courante de la Chine se détériore rapidement, devenant même négative pour la première fois en plus d'une décennie en 2019. On remarque que l'initiative One Belt One Road (OBOR) permet à la Chine d'attirer des capitaux et de les canaliser dans ce projet économique à grande échelle, tout en exerçant une influence sur les membres de l'initiative.

On doit aussi remarquer que le Parti communiste chinois a compris que la pollution, si elle a servi ses intérêts dans une première phase de croissance brutale à partir des années 1990, est aujourd'hui préjudiciable à son économie et à sa population. Les Chinois pouvaient accepter l'arbitrage entre croissance et environnement dans les années 2000 ; aujourd'hui, l'embourgeoisement progressif d'une classe moyenne qui apprécie son niveau de vie et veut le voir continuer d'augmenter oblige les gouvernements successifs à gérer les questions relatives à la pollution de l'air et des eaux. Cela les incite à faire leur possible pour attirer des investisseurs verts, ce qui requiert des réformes du système financier chinois – dont, notamment, sa libéralisation progressive, qui n'est pas sans poser des problèmes aux hiérarques du PCC.

Tout cela devrait permettre, à terme, d'améliorer l'image de la Chine. Elle évoque aujourd'hui un havre de pollution ; les images de Pékin, enfumée par un épais brouillard, ont durablement marqué les opinions occidentales et convaincu beaucoup de membres des catégories socio-professionnelles supérieures à écarter d'un revers de la main la possibilité d'un jour s'expatrier dans l'Empire du Milieu. L'idée d'un « soft power vert » a été inventée pour décrire la manière dont la Chine instrumentalise les projets environnementaux de l'initiative OBOR[170]. L'utilisation de la finance verte comme outil d'attractivité économique nous amène d'ailleurs à repenser la portée du *soft power*. Pour refléter la manière dont la finance verte et les projets verts affectent l'image et l'attractivité des pays, le Global Soft Power Index a récemment modifié ses critères en mettant davantage l'accent sur les questions écologiques. L'Arabie saoudite, qui jouissait déjà d'une forme de *leadership* dans la région, a gagné quelques rangs grâce à ces nouveaux critères. Quand bien même le pays tire une majorité de sa valeur ajoutée des hydrocarbures, l'Index explique que l'Arabie saoudite a beaucoup investi dans des projets écologiques et qu'elle a mobilisé la communauté internationale sur la question :

> « En tant que premier État arabe à accueillir le G20, l'Arabie saoudite a assumé la responsabilité de promouvoir et de

[170] Min, H., Montero, D. (2019), "Leveraging China's "Green Soft Power" For Responsible Belt and Road Initiative Investment", *Forbes*

respecter l'agenda du G20, y compris l'engagement envers les objectifs de développement durable des Nations unies[171] »

L'utilisation stratégique de la finance verte et des investissements verts à des fins promotionnelles n'est pas en soi surprenante. En 2019, Francesco Petrone avait publié un travail de recherche intitulé « BRICS, soft power et changement climatique : de nouveaux défis dans la gouvernance mondiale ? », où il explorait les manières dont un groupe de pays émergents à fort potentiel (les BRICS, qui rassemblent le Brésil, la Russie, l'Inde, la Chine et l'Afrique du Sud) pourrait utiliser la finance verte comme un outil d'attractivité et de promotion à l'international. Petrone faisait remarquer que les BRICS avaient déjà compris pourquoi le développement de la finance verte, et l'utilisation des banques centrales pour la mettre en œuvre, pouvaient leur être bénéfiques, et qu'il ne leur manquait plus qu'un plan stratégique clair. Les limites, ont-ils fait valoir, sont celles du temps et de l'incohérence, car la création de lignes directrices et de taxonomies prend du temps. Aussi, le caractère étroit du mandat des banques centrales limite la possibilité pour elles d'agir[172].

L'utilisation de la finance verte comme moyen pour les pays émergents de développer leur attractivité n'est pas exclusive aux pays du Sud. Les pays d'Europe de l'Est, qui pour la plupart n'ont pas rattrapé les pays de l'Ouest, ont pour certains décidé de mettre en œuvre de telles stratégies de développement de la finance verte, alors même que leurs marchés restent faibles eu égard à ceux de leurs voisins des pays riches. Les pays d'Europe de l'Est qui font partie de l'Eurozone ont délégué leurs pouvoirs monétaires à la Banque centrale européenne, dont le mandat, défini par le Traité sur le fonctionnement de l'Union européenne, est relativement étroit et concerne principalement la stabilité des prix – si cela a des avantages incommensurables en termes de pilotage des politiques monétaires, de transparence et de stabilité,

---

[171] Collectif (2021), "Brand Finance's Global Soft Power Index - 2021 report"

[172] Francesco P. (2019), "BRICS, soft power and climate change: new challenges in global governance?", *Ethics & Global Politics*

il s'agit aussi d'un handicap dans la mesure où les pays européens doivent compter sur leurs politiques étatiques plus que sur la politique de la banque centrale tant que la BCE n'aura pas décidé d'un plan stratégique clair au sujet du *green central banking*. La revue stratégique entamée par sa nouvelle dirigeante, Christine Lagarde, doit donc être suivie avec attention.

Le cas de la Serbie, qui n'est pas membre de l'UE et dont la banque centrale est, logiquement, indépendante de la BCE, est intéressant et a été abordé par quelques chercheurs qui ont remarqué sa spécificité. L'un d'entre eux, notamment, a écrit sur la façon dont la Serbie peut utiliser la finance verte pour devenir plus attractive, en faisant valoir que le pays devrait prendre Singapour comme modèle[173]. L'article argumente dans le sens de la mise en place par les autorités d'une stratégie résolue en faveur du verdissement de la finance serbe. La Serbie devrait utiliser pleinement l'arsenal dont elle dispose, notamment sa banque centrale, afin de créer des directives stables qui donneraient aux investisseurs la transparence dont ils ont besoin pour investir sûrement dans le pays. Le rapport note que, tout comme la Serbie, Singapour dispose d'une banque centrale indépendante et qu'un accord commun entre les autorités publiques et monétaires a permis au pays d'être efficace dans la promotion de la finance verte – accord commun dont la Serbie devrait s'inspirer. Le rapport a analysé la création d'un avantage concurrentiel par Singapour et a exhorté le gouvernement serbe à l'appliquer à son propre pays :

> « Sur la base de l'analyse du système de financement vert à Singapour, nous pouvons conclure que les principaux acteurs qui stimulent le développement du financement vert sont les banques, les investisseurs institutionnels, les institutions financières internationales, les banques centrales et les régulateurs financiers »

[173] Ilić, B., Stojanovic, D., Djukic, G. (2019), "Green economy: mobilization of international capital for financing projects of renewable energy sources", *Working Papers of the Faculty of management Zajecar*

Si la majorité des articles est optimiste sur la question de la création d'avantages compétitifs d'un pays par l'utilisation des banques centrales, quelques publications viennent nuancer les perspectives des Etats qui souhaiteraient se lancer avec précipitation dans un tel projet. L'inefficacité relative de certaines politiques des banques centrales et de l'Etat ne doit pas être évacuée ; des mesures visant à protéger les investisseurs verts ou à pénaliser les investisseurs bruns peuvent, si elles sont mal calibrées, se retourner contre l'économie du pays. Certains chercheurs ont utilisé des modèles E-DSGE pour simuler certaines politiques vertes ou pour tirer parti de données préexistantes et comprendre comment des politiques environnementales ont pu influer sur la création de valeur dans une économie. Xu et ses collègues ont ainsi montré en 2016, dans le cas de la Chine, que « l'introduction de politiques environnementales [avait] conduit [...] à des pertes économiques » de 1978 à 2014[174]. Les chercheurs encouragent donc les décideurs publics à utiliser un arsenal complet de politiques publiques, et non se reposer sur quelques outils. Ils notent par exemple que « les taxes pourraient encourager les entreprises à participer à des activités de réduction des émissions ». Par conséquent, l'obtention d'un avantage comparatif significatif nécessite une convergence entre les politiques de l'État et celles de la banque centrale.

5.2 Répondre à « la plus grande menace pour la sécurité mondiale » tout en préservant la puissance nationale

Les recherches sur l'utilisation des politiques financières et économiques dans les stratégies globales de puissance ne datent pas d'hier. Cependant, la question de la place de la finance verte dans les schémas nationaux de puissance, qui visent à permettre à un pays de se hisser au sommet – soit de l'ordre mondial, soit, plus modestement, d'une région – est rarement abordée. Peu de

---

174 Environmental Policy and China's Macroeconomic Dynamics Under Uncertainty–Based on The NK Model with Distortionary Taxation. Working Paper.

chercheurs ont analysé la finance verte sous l'angle de ce qu'on appelle la « *Machtpolitik* » (« politique du pouvoir »), c'est-à-dire la politique en tant que jeu de puissance. Pourtant, quelques rapports de gouvernementaux et institutionnels montrent comment la finance verte et les banques centrales peuvent ou vont jouer un rôle dans la géopolitique mondiale de la finance.

C'est un truisme de souligner que les États participent à des jeux de pouvoir et qu'ils sont comme encastrés dans des dynamiques concurrentielles qui les incitent à allouer des ressources à la lutte pour la supériorité. La doctrine réaliste des relations internationales a été remise en cause par la doctrine libérale et nuancée par des apports théoriques et empiriques ultérieurs, cela est vrai ; toutefois, les théories de l'hégémonie, comme celle de Charles Kindleberger, conservent une certaine pertinence en ce qu'elles nous permettent de comprendre l'aspect géoéconomique de la finance verte. Tous les continents connaissent au moins une confrontation stratégique pour la suprématie régionale ou mondiale : les États-Unis, l'hégémon occidental traditionnel, ont été défiés par la Russie soviétique puis par la Chine ; à l'échelle régionale, l'Iran et l'Arabie saoudite se livrent des guerres par procuration au Moyen-Orient pour obtenir l'hégémonie régionale et la suprématie culturelle, cultuelle et économique. Les outils de pouvoir des pays sont vastes et diversifiés, allant des opérations militaires et des sanctions économiques à des formes de pouvoir plus douces, telles que l'influence et l'attractivité culturelle. La capacité d'un pays à créer des normes reconnues comme supérieures est également un grand avantage : le Royaume-Uni, bien que moins puissant que les États-Unis en termes de puissance militaire et économique, a réussi à rester pertinent dans le monde financier en créant les conditions juridiques et économiques nécessaires pour que Londres se maintienne comme un centre financier central, et ses normes sont toujours largement partagées. Certaines normes de l'Union européenne, comme le Règlement général de la protection des données (RGPD), font aussi figure de modèle dans des pays tiers.

L'une des premières intrusions de la géopolitique dans la finance verte a été un article écrit par le Haut Représentant et la Commission européenne en 2008. Cette note, intitulée « Climate

Change and International Security », soulignait très clairement l'articulation entre la politique du changement climatique et son aspect économique. Elle affirmait que le changement climatique allait avoir des conséquences non-négligeables sur la sécurité internationale et les flux humains internationaux, ce qui allait rebattre les cartes dans chaque région ; à la lumière des outils financiers verts déjà existants, elle plaidait pour une meilleure canalisation des capitaux disponibles par les politiques financières vertes. Elle déclarait que les pays déjà vulnérables à l'époque de la rédaction de la note, nombreux, seraient les plus grandes victimes du changement climatique au cours du prochain siècle, causant des pertes importantes de ressources économiques et une chute de leur taux de croissance. À cet effet, les pays les plus vulnérables devraient être, selon elle, à l'avant-garde des politiques financières vertes et les mettre en œuvre avec l'aide de toutes les institutions financières publiques et parapubliques. Cette note, très audacieuse en 2008, préfigurait l'implication du FMI, de la Banque mondiale et de nombreuses banques centrales.

Le sujet a toutefois continué à ne pas être abordé pendant quelques années. Un écrit remarquable a été publié au niveau des Nations unies, dans une tribune libre d'un ambassadeur intitulée « La plus grande menace pour la sécurité mondiale », et sous-titrée « Le changement climatique n'est pas qu'un problème environnemental »[175]. Dans cet article, Emyr Jones Parry, un ambassadeur respecté qui a été le représentant permanent du Royaume-Uni auprès des Nations unies entre 2003 et 2007, soulignait la menace que représentait le réchauffement climatique pour la sécurité internationale. Il suivait en cela la Commission européenne, qui avait déjà soulevé le problème. Parry mettait en garde l'ONU et ses pays membres contre les conséquences potentiellement désastreuses des déplacements massifs de population dans et hors de pays vulnérables. Il considérait que l'absence de politiques actives pour lutter contre le réchauffement climatique, conduisant à une augmentation du niveau des eaux et à des sécheresses, pourraient déstabiliser des régions entières et remettre en cause l'équilibre des forces entre

[175] Parry J. E. (2010), "The Greatest Threat To Global Security: Climate Change Is Not Merely An Environment Problem", *UN Chronicle*

les pays.

Avec cet article, Parry se situait dans la droite lignée des réflexions stratégiques liées au réchauffement climatique et aux politiques de lutte contre le dérèglement dans les années 2000 et 2010. La question était souvent abordée sous le prisme des migrations internationales, car c'était alors, à l'époque de la crise migratoire européenne, un sujet qui caracolait au sommet de l'agenda. Aussi, dans la veine de la quasi-totalité des publication des années 2000, l'auteur ne se préoccupait finalement que peu des ramifications économiques de l'enjeu climatique. Le changement n'a été que très lent sur ce front-là. Encore en 2017, le Netherlands Institute of International Relations écrivait, dans une note d'information, que :

> « Les Nations unies, le Forum économique mondial, l'OTAN, l'Union européenne, l'OSCE et de nombreux gouvernements ont tous reconnu que le changement climatique constitue un défi pour la sécurité humaine et la sécurité internationale »

La note avait pourtant le mérite d'aller un peu plus loin. Sans trop s'attarder sur l'aspect économique du problème, elle soulignait, et cela est remarquable, que la géopolitique de la finance verte restait inexplorée, « en partie parce que les risques sont encore sous-estimés et mal compris dans les principaux cercles de défense et de politique étrangère. Dans le secteur privé, il s'avère également difficile d'identifier les risques à court et à long terme dans les opérations commerciales, ainsi que les opportunités d'investissement exploitant les nouvelles réalités géopolitiques ». En effet, le rapport annuel du Forum économique mondial sur les risques mondiaux de cette année-là définissait les problèmes liés à l'écologie comme « un ensemble de risques liés à l'environnement », sans proposer de solutions économiques[176].

Les recherches militaires et polémologiques directement liées à la finance verte ont commencé en 2016. Mobjörk et ses collègues ont rédigé cette année-là un rapport intitulé « Towards

---

[176] World Economic Forum (2018), "The Global Risks Report 2017", Geneva

a Global Resilience Agenda », qui affirmait que les politiques vertes, telles que le crédit vert, devraient être incluses dans la planification stratégique militaire en situation de guerre. La chose avait de quoi surprendre, car on n'imagine pas des soldats mettre sur pied, dans un champ de ruine, des salles de marché et des sites Internet dédiés à l'échange d'informations commerciales. Pourtant, la stratégie militaire moderne considère la guerre comme un continuum. Le post-conflit, c'est-à-dire la sortie de la guerre, doit être préparée afin que l'opération extérieure ait servi non pas exclusivement à désarmer la menace, mais aussi à planter la graine d'un retour à la vie civile. En d'autres termes, l'autorité publique doit accompagner la sortie du conflit et reprendre la main une fois que les autorités militaires ont terminé leur mission de maintien de la paix. Pour Mobjörk et son équipe, il s'agit là d'une fenêtre d'opportunité pour l'implémentation et la mise en œuvre de politiques financières vertes. Selon eux, ce devrait même être une des priorités des diplomates chargés de la procédure de retour à la vie civile et (ou) de reconstruction de l'État. Comme on pouvait s'y attendre, le texte reste muet sur le sujet de l'implication de la banque centrale, retardant plus encore l'intégration de cet acteur dans la stratégie du continuum. Le rapport appelle donc seulement à l'action des « autorités publiques », sans préciser quelle administration publique devrait agir. L'état de la recherche à cette époque était tel que les banques centrales étaient rarement mentionnées, et que la pénétration dans les milieux militaires de l'idée de leur implication dans la finance verte était très faible. Il s'agit néanmoins d'un travail de recherche important car il définit la finance verte et ses usages de manière positive (c'est-à-dire par ce qu'elle pourrait faire), et non négative (par ce qu'elle pourrait empêcher), signe d'un changement d'époque et de mentalités[177].

2016 a également été la première année où l'Organisation du traité de l'Atlantique Nord (OTAN) a abordé le sujet. S'agissant d'une organisation internationale majeure en matière de sécurité, le fait qu'elle publie des documents de recherche sur la question de la finance verte et de sa géopolitique a constitué une avancée

---

[177] Smith, D., Mobjörk, M., Rüttinger, L. (2016), *Towards a Global Resilience Agenda*, Clingendael

considérable ; cela a donné au sujet une certaine légitimité qu'il n'avait pas, par le passé, dans les sphères militaires. L'organisation a commencé à mener des recherches prospectives sur les effets que la finance verte pourrait avoir sur l'atténuation du changement climatique, notant la nécessité de décarboner aussi rapidement que possible les investissements dans les pays en développement. Du fait de sa nature militaire, l'OTAN se basait sur des arguments en lien avec les migrations de masse et à la déstabilisation géopolitique qui pourraient découler de catastrophes climatiques. Il envisageait le rôle des autorités financières publiques, sans se concentrer sur le rôle des banques centrales[178].

Les recherches qui reliaient les relations internationales, la géopolitique et la finance verte ont eu un effet stimulant sur les dirigeants de certains pays, qui ont compris comment ils pouvaient utiliser la finance verte et leurs institutions publiques à leur avantage. Il n'est donc pas surprenant que l'investissement vert ait été utilisé par certains pays afin d'atteindre ou de contribuer à atteindre leurs objectifs géopolitiques, comme le Maroc, que nous avons déjà mentionné. L'un de ses objectifs géopolitiques est de devenir entièrement autonome sur le plan énergétique afin de ne pas dépendre des importations étrangères, et il a déjà fortement investi dans des panneaux solaires dans l'espoir de vendre cette énergie renouvelable aux pays européens voisins. La première émission d'obligations vertes par le royaume du Maroc a, sans surprise, été réalisée par l'agence gouvernementale en charge de l'énergie solaire. Comme le note White & Case, « le Maroc vise à obtenir 52 % de son électricité à partir de sources d'énergie renouvelables d'ici 2030 »[179]. Les flux financiers verts seront donc très bénéfiques pour eux, tant sur le plan économique que géopolitique, car ils permettront de renforcer la souveraineté énergétique du pays.

---

178 Lippert, T. (2016), "NATO, Climate Change, and International Security, A Risk Governance Approach", *Rand Corporation Publications*

179 Human M., Hussain T. (2018), "Green finance in Africa", White & Case Publications

La mise en œuvre de politiques financières vertes dans les pays en développement n'est pas seulement une question de *hard power* et d'indépendance. Nous avons évoqué plus haut le *soft power*, qui permet à des pays polluants, tels que l'Arabie saoudite, de se présenter sous un meilleur jour. Mais au-delà de la simple attractivité d'un pays, le *soft power* ne permet pas d'obtenir une « puissance » à proprement parler ; le *soft power* ne permet pas à un pays de contraindre un autre, car le caractère *soft* de ce pouvoir réside dans le fait que le pays B se soumet automatiquement au pays A du fait de l'attraction que le pays A exerce sur lui. Consciente de ce que son *soft power* était relativement limité, et désireuse d'un pouvoir plus direct tout en restant relativement doux, la Chine a mobilisé des flux financiers dans le cadre d'une politique d'aide internationale au développement. Aujourd'hui, ce pays est le premier contributeur d'aide internationale dans les pays africains, alors que la France et les États-Unis occupaient la première et la deuxième place il y a à peine deux décennies.

Les pays riches, en effet, ont compris comment la promotion de la finance verte dans les pays en développement peut être bénéfique pour eux-mêmes. Non seulement ils peuvent en tirer des gains en termes d'image, mais, en plus, ils peuvent « *nudger* » (inciter) les pays à agir dans tel ou tel sens favorable à leur politique. En devenant le premier pourvoyeur d'aide internationale, et grâce à sa diplomatie du chéquier, la Chine s'est effectivement offert un siège au conseil des ministres de bon nombre de pays africains. L'Union européenne, en tant que pionnière de la finance verte, a lancé un programme d'aide internationale (l'Alliance mondiale contre le changement climatique, AMCC) dont l'objectif est d'aider les pays en développement à lutter contre le changement climatique par la mise en œuvre de politiques financières vertes. Appuyé en cela par la Banque européenne d'investissement, cet effort permet aux pays de l'Union européenne de maintenir de l'influence ou d'en gagner ; les pays aidés deviennent des partenaires. Les banques centrales des pays en développement sont des interlocuteurs de l'AMCC car elles sont parfois responsables d'une partie de la mise en œuvre des politiques financières vertes.

Cependant, dans de nombreux cas, les banques centrales ont

été marginalisées. Dans certains cas, l'UE n'avait comme interlocuteurs que des institutions ministérielles et des ONG. Ce fut le cas, par exemple, à Maurice. L'UE ne s'est jamais assise à la même table que la banque centrale, mais a seulement négocié et aidé le ministère de l'environnement et du développement durable, ainsi que la « Commission Maurice Île Durable », qui est une ONG proche du pouvoir[180]. L'aide internationale n'a donc pas tout à fait compris comment les banques centrales devaient être impliquées dans le processus, par le biais du transfert technologique ou de la coopération universitaire. Ceci est symptomatique du fait que le rôle des banques centrales dans la finance verte n'était pas encore considéré comme primordial dans la recherche académique de l'époque[181]. Ignorer les banques centrales fragilise indirectement l'avenir du système financier et bancaire de ces pays, car les banques centrales sont souvent les seules à pouvoir imposer les outils adéquats pour une régulation micro et macroprudentielle verte.

Le Royaume-Uni a compris que sa prépondérance financière, notamment sur les marchés des changes, lui permet de rester pertinent aujourd'hui. Il a dès lors conçu et déployé une stratégie financière verte afin d'aider les pays en développement en la matière, leur permettant par la même occasion de préserver leur influence. Cela approfondit les liens diplomatiques et économiques avec les pays en développement, et permet au pays de se présenter comme un acteur avec lequel il faut composer. La City de Londres a coopéré avec l'agence d'audit et de stratégie PwC pour analyser ce que la City devrait faire à l’avenir, et ce qui a déjà été fait par le gouvernement britannique, dans les pays en développement. Elle a publié en novembre 2016 un rapport intitulé « Globalizing Green Finance : The UK as a International

---

[180] En anglais, « QUANGO » : *Quasi Autonomous Non Government Organisation.*

[181] Dodo, M. (2010), “Examining the potential impacts of climate change on international security: EU-Africa partnership on climate change”. Speech.

Hub »[182]. Il récapitulait toutes les actions entreprises et la manière dont elles renforçaient la présence et la renommée de la City dans les centres financiers en croissance qui ont le potentiel de devenir dans quelques décennies des centres financiers majeurs du monde en développement. Il détaillait ainsi la manière dont la City et le gouvernement ont agi jusqu'alors dans les pays en développement, considérant que le *modus operandi* actuel n'a pas réussi jusqu'à présent :

> « Le fonds opère par l'intermédiaire de banques locales dans les pays en développement afin de mettre des financements à la disposition des petites et moyennes entreprises (PME) et des ménages pour des améliorations de l'efficacité énergétique et des projets d'énergie renouvelable, développant ainsi les marchés financiers locaux pour ces secteurs »

L'Allemagne a également encouragé et aidé les pays en développement, notamment en Afrique, à se tourner vers les énergies vertes. Comme l'explique Germanwatch dans son rapport « Soft Power for Solar Power : La nouvelle politique étrangère de l'Allemagne en matière de climat », la stratégie de l'Allemagne consiste à aider les pays en développement à obtenir des financements verts sous condition que des marchés publics soient créés. Cela crée des débouchés pour l'industrie allemande du « vert » et du renouvelable[183]. Cependant, la doctrine allemande en termes d'intervention ou de coopération avec la banque centrale est telle que l'intervention d'icelle n'est pas envisagée. L'interventionnisme des autorités monétaires n'est, il faut le dire, pas dans la culture économique ni politique de l'Allemagne, qui s'est très tôt montrée partisane de l'indépendance de la banque centrale. Cela montre le chemin que la recherche académique doit parcourir pour prouver

---

[182] Green Finance Initiative, City of London and PwC (2016), "Globalizing Green Finance: The UK as a International Hub"

[183] Li, L. (2016), "Soft Power for Solar Power: Germany's New Climate Foreign Policy", *Germanwatch Study*

l'importance de l'implication des banques centrales dans la finance verte.

Conclusion

Que peut la finance verte dans la lutte contre le dérèglement climatique ? Si les économistes, associés aux chercheurs en sciences de la vie et de la terre, prennent très au sérieux la menace, de longues années ont été nécessaires pour parvenir à mettre en place des modèles et tester des *scenarii*, explorer des solutions, qui puissent être appliquées par les décideurs publics pour atteler la finance et la guider vers des objectifs de soutenabilité. Le temps académique, celui de la recherche, n'est pas toujours celui de l'action politique.
Les recherches les plus récentes mettent en évidence le rôle que les banques centrales et leurs réseaux financiers peuvent et devront jouer. Leur place dans le système financier international est extraordinairement importante ; les besoins en financement pour permettre une transition en douceur vers une économie verte et atteindre les objectifs de la COP21 sont énormes. Les banques centrales sont une pièce cardinale du dispositif nécessaire. L'activisme de la Banque de France dans ce domaine est, à ce titre, tout à fait remarquable.

Pourtant, la finance verte a eu du mal à se développer dans les pays occidentaux, et la situation est pire encore dans les pays les plus pauvres. Ils manquent souvent d'infrastructures financières et d'un système bancaire solide, et les capitaux y sont rares – et par conséquent, chers – du fait de leur manque d'attractivité. Ils ont le plus grand mal à accéder aux marchés internationaux des capitaux, et leurs réglementations sont plus favorables à la destruction du patrimoine naturel qu'à leur préservation. Malgré cela, les pays en développement sont les plus vulnérables au changement climatique, créant un décalage pour le moins préjudiciable.

Constater est une chose ; mais encore faut-il proposer des plans d'action clairs et possibles à mettre en œuvre. C'est là le rôle des institutions internationales, des banques de développement, des banques centrales. Les recherches les plus convaincantes montrent que les pays en développement doivent s'appuyer sur leurs banques centrales. Lorsque les gouvernements mènent des politiques erratiques et que les investisseurs n'ont pas confiance, les banques centrales peuvent bénéficier de la crédibilité nécessaire pour faire adopter des *guidelines* financiers clairs et participer à la structuration d'un écosystème financier vert. Il s'agit bien pour les gouvernements de s'appuyer sur leur banque centrale – pas de se reposer sur elles, car, aussi puissantes soient-elles, elles ne peuvent être suffisantes. Les pays en développement ont besoin que leur écosystème vert soit composé d'une grande variété d'acteurs, des banques de développement aux banques d'investissement, en passant par les ONG et des régulateurs indépendants.

Se pencher sur les politiques potentielles des banques centrales, c'est aussi s'attarder sur le *policy mix*, c'est-à-dire sur l'utilisation conjointe des instruments de politique monétaire et de politique budgétaire. Plus que jamais, le *policy mix* peut être un outil de développement économique et de progrès social dans le respect de l'environnement, dès lors que les décideurs ont pris conscience de ce que la destruction de leur patrimoine causera la ruine de leur économie. L'action des gouvernements est d'autant plus nécessaire qu'ils possèdent, par la loi, le pouvoir normatif, seul à même d'assurer la sécurité de la propriété privée, condition élémentaire du développement économique. Tout cela nécessite une réglementation accrue, allant au-delà des exigences des accords de Bâle, et une plus grande attention aux mesures prudentielles.

E3G, l'un des principaux *think tanks* spécialisés dans l'économie de l'écologie, remarquait dans un rapport récent que si le changement était trop lent, il était bel et bien en cours, et que la dynamique ne semblait pas pouvoir s'essouffler[184]. Comme les auteurs le font remarquer, « le climat est désormais un élément central du G7, du G20, des agences des Nations unies et des institutions financières internationales. En 2009, les vents contraires de la crise financière mondiale ont contribué à l'échec du sommet de Copenhague sur le climat. En 2019, le climat est

---

184 Tomlinson, S. (2019), "The Geopolitics of Climate Change", Site internet d'E3C <https://www.e3g.org/publications/the-geopolitics-of-climate-change-unsg-climate-action-summit>

désormais un moteur majeur qui remodèle le système financier dans son ensemble ». La finance verte n'est pas la panacée qui nous guérira de tous les maux environnementaux ; mais elle constitue une étape majeure vers le verdissement de notre économie, et chaque recherche menée sur la question de l'implication des banques centrales dans l'écologisation de l'économie est un pas de plus vers la réalisation des objectifs climatiques. Les pays et les agents économiques doivent utiliser la finance verte comme un tremplin vers une finance durable qui concilie la croissance avec le développement humain.

Bibliographie

Articles académiques

Ambec, S., Lanoie, P., (2008), "Does It Pay to Be Green? A Systematic Overview", *Energy Studies Review*

Amran A., Periasamy V., Zulkafli, A; (2014), "Determinants of Climate Change Disclosure by Developed and Emerging Countries in Asia Pacific", *Sustainable Development*, vol. 22

Atif Nawaz, M., Seshadri, U., Kumar, P., Aqdas, R., Karim Patwary, A., Riaz, Madhila (2020), "Nexus between green finance and climate change mitigation in N-11 and BRICS countries: empirical estimation through difference in differences (DID) approach", *Environmental Science and Pollution Research*

Bahl, S. (2012). “Green banking-The new strategic imperative”. *Asian Journal of Research in Business Economics and Management*, Vol. 2

Belloni, M., Giuzio, M., Kördel, S., Radulova, P., Salakhova, D., Wicknig, F. (2020), "The performance and resilience of green finance instruments: ESG funds and green bonds", *Financial Stabilty Review*

Dafermos, Y., Nikolaidi, M. and Galanis, G. (2018), “Climate change, financial stability and monetary policy”, *Ecological Economics*, Vol. 152

Dafermos, Y., Nikolaidi, M. and Galanis, G. (2018), "Can Green Quantitative Easing (QUE) Reduce Global Warming?", *GPERC Papers*

Dharish, D., and Anbumozhi, V. (2019), “A Comparative Study on the Role of Public–Private Partnerships and Green Investment Banks in Boosting Low-Carbon Investments”, in *Handbook of Green Finance* (Ed. Sachs, J.)

D'Orazio, P., Popoyan, L. (2018), “Fostering green investments and tackling climate-related financial risks: Which role for macro prudential policies?”, *Ruhr Economic Papers*, No. 778

Dikau, S. (2017), "Green central banking in emergent market and developing countries", *New Economics Foundation Papers*

Durrani, A., Rosmin, M., & Volz, U. (2020), "The role of central banks in scaling up sustainable finance – what do monetary authorities in the Asia-Pacific region think?", *Journal of Sustainable Finance & Investment*

Duru U., Nyong A., (2016), "Why Africa Needs Green Bonds", *Africa Economic Brief*, Vol. 7

Hardin, G. (1998), "Extensions of 'The tragedy of the commons'", *Science*, Vol. 280

Hossain, M. (2019), "Green Finance in Bangladesh", in *Handbook of Green Finance* (ed. Sachs, J.)

Hyun, S., Park, D., Tian, S. (2019), "Differences Between Green Bonds Versus Conventional Bonds: An Empirical Exploration", in *Handbook of Green* Finance (ed. Sachs, J.)

Kalu, J., Aliagha, G., Buang, A. (2015), "A Review of Economic Factors Influencing Voluntary Carbon Disclosure in the Property Sector of Developing Economies", *Earth and Environmental Science*, vol. 30

Khatkhate D. (1980), "Capital Scarcity and Factor Proportions in Less Developed Countries", *Journal of Post-Keynesian Economics*, Vol. II

Liaw, T., (2020), "Survey of Green Bond Pricing and Investment Performance", *Journal of Risk and Financial Management*

Milton, F. (1968), "The Role of Monetary Policy". *The American Economic Review*, Vol. 58, no. 1

Monasterolo, I., Volz, U. (2020), "Addressing climate-related financial risks and overcoming barriers to scaling-up sustainable investment", *SOAS Papers*

Mongie, C. (2019), "Voluntary climate change disclosure in South Africa", *University of Cape Town Papers*

Ogihara, A. (2019), "Financial Barriers and Strategies for Promoting Carbon Capture and Storage Technologies", in Handbook of Green Finance (Ed. Sachs, J.)

Oyegunle, A., Weber, O. (2015), "Development of Sustainability and Green Banking Regulations: Existing Codes and Practices", *CIGI Papers*, No. 65

Saab, N. (2017), "Arab Environment in 10 Years", *Arab Forum for Environment and Development Papers*

Urban, M., Wojcik, D. (2019), "Dirty Banking: Probing the Gap in Sustainable Finance", *Sustainability*, vol. 11

Xu, W., Xu, K., Lu, H., "Environmental Policy and China's Macroeconomic Dynamics Under Uncertainty−Based on The NK Model with Distortionary Taxation", *Wuhan University Papers*

Zerbib, O. (2016), "Is There a Green Bond Premium? The Yield Differential Between Green and Conventional Bonds", *Journal of Banking and Finance*, Vol. 98

Zhang, D., Zhang, Z. and Managi, S. (2019). "A bibliometric analysis on green finance: Current status, development, and future directions", *Finance Research Letters*, 29

Rapports et documents institutionnels

AMF, Banque de France (2020), ''Reponse des autorites francaises a la consultation de l'UE sur la strategie renouvelee pour la finance durable'', Joint Paper

Breitenfellner, A., Pointner, W., Schuberth, H. (2019), "The Potential Contribution of Central Banks to Green Finance", *German Institute for Economic Research*

Buchner, B., Herve-Mignucci, M., Trabacchi, C., Wilkinson, J., Stadelmann, M., Boyd, R., Mazza, F., Falconer, A. and Micale, V. (2014), "The Global Landscape of Climate Finance 2015", *Climate Policy Initiative*, 32-38

Campiglio, E. (2016), “Beyond Carbon Pricing. The Role of Banking and Monetary Policy in Financing the Transition to a Low-carbon Economy”, *Ecological Economics*, Vol. 121

Carantino, B., Lancesseur, N., Nakaa, M., Valdenaire, M., "Effets économiques du changement climatique". Paris: *Trésor-éco*, n°262

Cardona, M., Berenguer, E. (2020), "What role for financial regulation to help the low-carbon transition?", *Institute for Climate Economics Reports*

Chari, A., Rhee, J. (2020), “The Return to Capital in Capital-Scarce Countries”, *National Bureau of Economic Research Paper Series*

Collectif (1995), “What is Proper? Reputational Incentives for Pollution Control in Indonesia”. Washington DC: *World Bank Papers*

Collectif (2008), “HIV/AIDS, Climate Change and Disaster Management: Challenges for Institutions in Malawi”, *World Bank Publications*

Collectif (2011), “Green Financing for the Arab Region”, *United Nations Economic and Social Commission for Western Asia Papers*

Collectif (2011), “The Cost of Adaptation to Climate Change in Africa”, *African Development Bank Reports*

Collectif (2013), "Growing Green - The AfDB and CIF for a climate-smart Africa", *African Development Bank Papers*

Collectif (2014), "AfDB prices SEK 1 billion Green Bond due March 2019", *African Development Bank Papers*

Collectif (2015), “Mongolia Green Taxonomy Introduction & Proposed Taxonomy Framework”. *International Finance Corporation Reports*

Collectif (2015), “Green Bonds Working Towards a Harmonized Framework for Impact Reporting”, *African Development Bank*

Collectif (2016), “UN Green finance for developing countries”, *UN EP Papers*

Collectif, (2017), "Defining green in the context of green finance - Final report", *European Commission Papers*

Collectif (2017), “On the Role of Central Banks in Enhancing Green Finance”, *UN Environment Papers*

Collectif (2017), "Meeting Asia's Infrastructure Needs", *Asian Development Bank Reports*

Collectif (2018), “Green Loan Principles Supporting environmentally sustainable economic activity”, *Loan Market Association Publications*

Collectif (2018), "Annual Report on Exchange Arrangements and Exchange Restrictions 2017", *IMF Reports*

Collectif (2019), "Framework for SDG Aligned Finance", OECD, UNDP

Collectif (2020), "Green Bond Pricing in the Primary Market: January - June 2020", *Climate Bonds Initiative Papers*

Collectif (2020), “Country Profile: Nigeria”, *Papers of the Sustainable Banking Network*

Collectif (2020), “Rapport commun ACPR-AMF Les engagements climatiques des institutions financières françaises”, Joint Report

Collectif (2020), "EU ESG Disclosures: It’s Not Easy Being Green", *Citi Securities Services Reports*

Collectif (2020), "Country Progress Report - Morocco", International Finance Corporation

Collectif (2020), "Green Finance Mechanisms in Developing Countries: Emerging Practice", CoMPRA Policy Briefings

Collectif (2020), “Financing a Sustainable Economy”, *South Africa Treasury Notes*

Dafermos, Y., Nikolaidi, M. and Galanis, G. (2018), "Climate change, financial stability and monetary policy", *Ecological Economics*, Vol. 152

D'Orazio, P., Popoyan, L. (2018), "Fostering green investments and tackling climate-related financial risks: Which role for macro prudential policies?", *Ruhr Economic Papers*, No. 778

Dodo, M., "Examining the potential impacts of climate change on international security: EU-Africa partnership on climate change", *European Union Center Pusan National University*

Dikau, S. and Volz, U. (2018), "Central banking, climate change and green finance", *Asian Development Bank Papers*

Direction générale du Trésor (2017), "Singapour : futur hub régional en matière de finance verte ?", *Horizon ASEAN*, n°21

Duru U., Nyong A., (2016), "Why Africa Needs Green Bonds", *Africa Economic Brief*, Vol. 7

Ehlers, T., Mojon, B., Packer, F., Pereisa da Silva, L., (2020), "Green bonds and carbon emissions: Exploring the case for a rating system at the firm level", *Bank of International Settlement Quarterly Review*

European Systemic Risk Board & ECB (2020), "Positively green: Measuring climate change risks to financial stability", *ECB Working Papers*

Federico, P. (2014), "Reserve requirement policy over the business cycle", *NBER Working Papers*

Ferrari A., Nispi Landi V. (2020), "Whatever it takes to save the planet? Central banks and unconventional green policy", *ECB Working Paper*

Fisher, P. (2019), " What are the challenges of green finance?", *London Institute of Banking and Finance Reports*

Francesco P. (2019), "BRICS, soft power and climate change: new challenges in global governance?", *Ethics & Global Politics*

Freedman, M. (2005), “Global Warming, Commitment to the Kyoto Protocol, and Accounting Disclosures by the Largest Global Public Firms from Polluting Industries”, *The International Journal of Accounting*

Geddes, A., Schmidt, T., Steffen, B. (2018), "The multiple roles of state investment banks in low-carbon energy finance: An analysis of Australia, the UK and German", *Energy Policy*, vol. 115

Gray, S., Karam, P., Meeyam, V., Stubbe, M. (2013), "Monetary issues in the Middle East and North Africa Region - A Policy Implementation Handbook for Central Bankers”, *IMF Reports*

Green Finance Initiative, City of London, PwC (2016) "Globalizing Green Finance: The UK as an International Hub”, Joint Report

Griffith-Jones, S., Samanthan, A., Matthew, G. (2020), "Securing climate finance through nationaldevelopment banks", Overseas Development Institute

Huang, F., Ozyurt, S., Stamer, M. (2020), "Quantitative Easing in Emerging Markets: Playing With Fire?”, Allianz Research

Ilić, B., Stojanovic, D., Djukic, G. (2019), “Green economy: mobilization of international capital for financing projects of renewable energy sources”, *Working Papers of the Faculty of management Zajecar*

Koo, J. (2010), “The current status and future of green finance”, *Korea Institute of Finance Papers*

Lemmet, S., Ducret, P. (2017), "Executive Summary French Strategy for Green Finance”, French Government Report

Li, L. (2016), "Soft Power for Solar Power: Germany's New Climate Foreign Policy", *Germanwatch Study*

Lindenberg, N. (2014), "Definition of Green Finance", *German Development Institute Papers*

Lippert, T. (2016), "NATO, Climate Change, and International Security, A Risk Governance Approach", *Rand Corporation Publications*

Marbuah, G. (2020), "Scoping the sustainable finance landscape in Africa: The case of green bonds", *Stockholm Environment Institute*

Markus, G., Hansen, T. (2019), "Green industry development in different types of regions", *European Planning Studies*, Vol. 27

Martin A., Mendicino C., Van der Ghote, A. (2021), "On the interaction between monetary and macroprudential policies", *ECB Working Papers*

Mills, R., Sim, L.C. (2021), "Low Carbon Energy in the Middle East and North Africa", *Springer International Publishing*

Min, H., Montero, D. (2019), "Leveraging China's "Green Soft Power" For Responsible Belt and Road

Montagna, M., Torri, G., Covi, G., (2020), "On the origin of systemic risk", *ECB Working Paper Series*

Murphy, R., Hines, C. (2010), "Green quantitative easing: Paying for the economy we need", *Finance for the Future*

Nabi, G., Rahman Khan, M., Islam, S., Uddin, J. (2016), "Are We Greening the Economy? Recent Trends of Green Financing in Bangladesh", *Bank of Bangladesh Working Papers Series*

Nakhooda, S. (2008), "Correcting the World's Greatest Market Failure: Climate Change and the Multilateral Development Banks", *World Resources Institute Issue Brief*

Nguyen N.V., (2006), "Global climate changes and rice food security", *Food and Agriculture Organization Reports*

Kamelgam, Y., Blanc, D. (2015), "Green Financing: Are European Banks and Insurers Contributing?", *Novethic Papers*

Nations unies (2020), "Policy Brief: The Impact of COVID-19 on the Arab Region An Opportunity to Build Back Better"

Park, H., Kim, J.D (2020), “Transition towards green banking: role of financial regulators and financial institutions”, *Asian Journal of Sustainability and Social Responsibility*, Vol. 5

Punzi, M. T. (2018), "Role of Bank Lending in Financing Green Projects: A Dynamic Stochastic General Equilibrium Approach", *ADBI Working Paper Series*

Rocky Mountain Institute, Green Finance Institute, Natural Resources Defense Council, “State of Green Banks 2020”, *Green Finance Institute Reports*

Schoenmaker, D. (2019), “Greening monetary policy”, *voxeu*

UN Environment, (2019). "Sustainable finance - Progress Report", *UN Environment Reports*

Urban, M., Wojcik, D. (2019), "Dirty Banking: Probing the Gap in Sustainable Finance", *Sustainability*, vol. 11

Banque mondiale (2018), "Russia: Unlocking Opportunities for Green Investments", *World Bank Policy Note*

World Economic Forum (2018), "The Global Risks Report 2017", Geneva

Articles de journaux

Anonyme (2020), "Green investing has shortcomings", *The Economist*

Brooksbank, D. (2012), "New Australian ‘green bank’ plans to catalyse private sector funds", *Responsible Investor*

Chestney, N. (2020), "Australia moves into top three countries for renewable investment: research", *Reuters*

Jourdan, S. (2019), "Green QE is about more than buying climate-friendly bonds", *Financial Times*

Landberg, R., Massa, A., Pogkas, D., “Green Finance Is Now $31 Trillion and Growing”, *Bloomberg*

Min, H., Montero, D. (2019), "Leveraging China's "Green Soft Power" For Responsible Belt and Road Initiative Investment", *Forbes*

Prager, A. (2019), "Sustainable financing may have its limits", *Euractiv*

Stewart, L. (2020), "South African governor warns against QE", *Central Banking*

Livres

Arent, D.J., R.S.J. Tol, E. Faust, J.P. Hella, S. Kumar, K.M. Strzepek, F.L. Tóth, and D. Yan, (2014), *Climate Change: Impacts, Adaptation, and Vulnerability*, Cambridge University Press

Arstis, P., Sawyer, M. (2017), *Economic Policies Since the Global Financial Crisis*, Springer International Publishing

Chakrabarti G., Sen C. (2014), *Green Investing: The Case of India*, Springer International Publishing

Cheung, F., Hong, Y. (2020), *Green Finance, Sustainable Development and the Belt and Road Initiative*, Taylor & Francis

Dwivedi, D., (2015), *Macroeconomics: Theory and Policy*, McGraw Hill Education

Foster, V., Briceno-Garmendia, C. (2010), *Africa's Infrastructure: A Time for Transformation*, World Bank Publications

Holroyd, A. (2020), *Choisir une finance verte au service de l'Accord de Paris Évaluation des meilleures pratiques en matière de finance verte et d'organisation des places financières dans l'Union européenne*. Paris: Documentation française

Korosteleva, E. (2016), *Eastern Partnership A New Opportunity for the Neighbours?*, Routledge

Labatt, S., White, R. (2002), Environ*mental Finance: A Guide to Environmental Risk Assessment and Financial Products*, John Wiley & Sons

Mundell, R. (1968), *International Economics*, New York: Macmillan

Niggo Seo, S. (2019), *The Economics of Global Allocations of the Green Climate Fund An Assessment from Four Scientific Traditions of Modeling Adaptation Strategies*, Springer International Publishing

OECD (2017), *Green Finance and Investment Mobilising Bond Markets for a Low-Carbon Transition*, Publications de l'OCDE

Panagiotis, E., (2020), *The New Political Economy of Greece Up to 2030*, Palgrave Macmillan

Sachs, J. (2019), *Handbook of Green Finance*, Springer Verlag

Smith, D., Mobjörk, M., Rüttinger, L. (2016), *Towards a Global Resilience Agenda*, Clingendael Institute

Stern, N.H. (Ed), (2006), *The economics of climate change*, Cambridge: Cambridge University Press.

Autres

Banque des Règlements Internationaux, "The capital buffers in Basel III – Executive Summary", Site de la BRI

Bimha, A., Nhamo G. (2010), "Carbon disclosure in South Africa: Corporate green wash of genuine transition to low carbon economy?", Discours à l'occasion d'une conférence, University of South Africa

Carney, M. (2015), "Breaking the Tragedy of the Horizon – climate change and financial stability", discours au siège de Lloyd's

Collectif (2016), "Green Bonds a Low Carbon Economy Driver After COP21", Site internet de l'United Nations Climate Change <https://unfccc.int/news/green-bonds-a-low-carbon-economy-driver-after-cop21>

Collectif (2018), *Green Bond Principles Handbook* <https://www.icmagroup.org/sustainable-finance/the-principles-guidelines-and-handbooks/green-bond-principles-gbp/>

Collectif (2021), “Brand Finance's Global Soft Power Index - 2021 report”

Green Finance Platform (2016), "Cambodian Sustainable Finance Initiative", publication de blog

Human M., Hussain T. (2018), “Green finance in Africa”, White & Case Publications

Hussain, F. (2020), "Green loans: Financing the transition to a low-carbon economy", *World Bank Blog*

Jones, L. (2020), "$1Trillion Mark Reached in Global Cumulative Green Issuance: Climate Bonds Data Intelligence Reports: Latest Figures". Site internet du Climate Bonds Initiative < https://www.climatebonds.net/2020/12/1trillion-mark-reached-global-cumulative-green-issuance-climate-bonds-data-intelligence >

Moroccan Agency of Sustainable Energy, Site internet du Climate Bonds Initiative < https://www.climatebonds.net/certification/masen >

Ngalande, E. (2003), “The importance of financial system modernisation in Africa”, Discours à la Perago User Group Conference, Johannesburg

OECD, "Finance and investment in green economy", Blog de l’OCDE https://www.oecd.org/environment/outreach/finance-and-investment-green-economy.html

Parry J. E. (2010), “The Greatest Threat To Global Security: Climate Change Is Not Merely An Environment Problem”, *UN Chronicle*

The Association of Banks in Cambodia (2019), “Cambodian Sustainable Finance Principles Implementation Guidelines”

Tomlinson, S. (2019), "The Geopolitics of Climate Change", Site internet d’E3C <https://www.e3g.org/publications/the-geopolitics-of-climate-change-unsg-climate-action-summit>

Turner, P. (2009), “Central banks and the financial crisis”, Discours au symposium annuel du LACEA à Buenos Aires, Argentine

UNCTAD 2020 e-Handbook of Statistics <https://stats.unctad.org/handbook/Annexes/Classifications.html>

UN Economic and Social Commission for Western Asia, (2006), "Arab Environment Facility", Déclaration officielle

Table des matières

Revue « Marché et Organisations »

Le but de la revue est de promouvoir la recherche originale sur les relations de plus en plus étroites qui se tissent entre le marché et les organisations. Les acteurs économiques de taille, de puissance et de pouvoir différents dont les intérêts peuvent être convergents, complémentaires ou, le plus souvent, antagoniques, ont tendance à organiser les marchés. La raison du marché, pourtant, est la référence stratégique pour l'entreprise ainsi que pour les institutions publiques de décision économique.

Numéros parus :

N°1 : Artisanat. La modernité réinventée, 2006
N°2 : La petite entreprise, elle a tout d'une grande. De l'accompagnement aux choix stratégiques, 2006
N°3 : Tourisme et Innovation. La force créative des loisirs, 2007
N°4 : Le travail. Formes récentes et nouvelles questions, 2007
N°5 : Les universités et l'innovation. L'enseignement et la recherche dans l'économie des connaissances, 2007
N°6 : Entrepreneuriat et accompagnement. Outils, actions et paradigmes nouveaux, 2008
N°7 : Développement durable des territoires. Economie sociale, environnement et innovations, 2008
N°8 : Développement durable et responsabilité sociale des acteurs, 2009
N°9 : Gouvernance : exercices de pouvoir, 2009
N°10 : Le travail collaboratif. Une innovation générique, 2009
N°11 : Economie sociale et solidaire. Nouvelles trajectoires d'innovations, 2010
N°12 : Relations à la marque et marques de la relation. Regards croisés sur le management relationnel de la marque, 2010
N°13 : Les contrats au service de la recherche ?, 2011
N°14 : Le potentiel économique de l'Afrique subsaharienne, 2011
N°15 : Management de la distribution, 2012
N°16 : Territoire Vert. Entreprises, Institutions, Innovations, 2012
N°17 : Eco-conception, conception et innovation. Les nouveaux défis de l'entreprise, 2013
N°18 : Intelligence économique : entreprises et territoires, 2013
N°19 : La finance globale. Un monde fini, 2013
N°20 : La crise du « développement », 2014
N°21 : La Chine innove. Politiques publiques et stratégies d'entreprise, 2014
N°22 : Go East! Nouvelles Economies de Marché, 2015
N°23 : L'économie du changement, 2015
N°24 : Le temps des artisans. Permanences et mutations, 2015
N°25 : Innovations de proximité et esprit d'entreprise, 2016
N°26 : L'avenir des économies du Maghreb : entre inertie structurelle et envie de rupture, 2016/3 (n° 27)
N°27 : Le sport aux frontières du marché du travail, 2016
N°28 : Dynamiques internationales des entreprises, 2017
N°29 : L'univers du risque, 2017
N°30 : Les petites entreprises dans l'histoire industrielle, 2017
N°31 : Economie sociale et *social business* ? Au défi d'entreprendre et se financer, 2018
N°32 : Éducation et fertilisation des économies africaines, 2018
N°33 : L'entrepreneuriat innovant dans les pays du Maghreb, 2018
N°34 : L'entrepreneuriat scientifique : institutions et innovation, 2019
N°35 : Le champ économique de la culture, 2019
N°36 : Economie sociale et solidaire ? Modèles d'innovation et modes de gouvernance, 2019
N°37 : Rethinking Luxury Business, 2020
N°38 : La santé connectée. Nouvelles technologies et réorganisation des soins, 2020
N°39 : Options stratégiques et systèmes complexes d'innovation, 2020
N°40 : Les services : intégration des systèmes productifs et lien social, 2021
N°41 : Crise pandémique, crise globale. Réalité et controverses théoriques, 2021
N° 42 : La crise de la covid-19. Le marché et les organisations en perspective, 2021

Collection « L'esprit économique »

fondée par Sophie Boutillier et Dimitri Uzunidis en 1996

Dernières parutions

► ***Série Economie et Innovation***

C. BERGHMANS (dir.), *Intelligence et compétences émotionnelles en entreprise : perspectives multiples*, 2018.
T. MICHAUD, *La réalité virtuelle : de la science-fiction à l'innovation*, 2018.
B. LAPERCHE, M. LIMA, E. SEULLIET, B. TROUSSE (dir.), *Les écosystèmes d'innovation. Regards croisés des acteurs clés*, 2019.
S. MONNERIE, *L'économie digitale révolutionne le monde. Innovation et total design*, 2019.
T. MICHAUD, *Le projet spatial européen, entre pragmatisme et imagination*, 2020.
J.-P. SCHMITT, N. RAVIDAT, *Management conjoint de la technologie et de la personne. Pour performer et croitre*, 2020.
Y. EL YAHYAOUI, *Economie des plateformes numériques. Captation de la valeur, pouvoir de marché et communs collaboratifs*, 2021.

► ***Série Le Monde en Question***

F. FAURE, *Empowerment et finance. La démocratie au service de l'investissement socialement responsable*, 2021.
A. SGHAIER, *La finance islamique. Aspects critiques de la finance conventionnelle*, 2021.
H. AGOURRAME, *La règlementation bancaire internationale. Genèse, évolution et impact sur le « business model » des banques*, 2021.
A. AMINE, C. GALLOUJ, *Consommateurs et pratiques de consommation au Maroc*, 2021.
T. MARINOVA, *Economie sociale et solidaire dans les pays des Balkans. Bulgarie, Roumanie, Serbie : quels enseignements ?*, 2021.

► ***Série Krisis***

M. RAMEAUX, *Le tao de l'économie. Du bon usage de l'économie de marché*, 2020.
B. TONGLET, *Innovation et dynamique discontinue au bas Moyen Age. Pour une autre approche de l'histoire économique*, 2020.
J.-C. MOREL, *La nécessaire valorisation de la richesse ou intégrer le capital humain au bilan*, 2020.
V. LAURE VAN BAMBEKE, *La valeur du travail humain. Essai sur la refondation de l'expression monétaire de la valeur-travail*, 2021.
A. FONTAINE, *L'économie est l'opium du peuple. Une fausse science*, 2021.
A. RODRIGUEZ-HERRERA, Travail, valeur et prix. Reprise et clôture d'un débat centenaire (1885-1985) a la lumière des textes marxiens, 2021.

► **Série *Clichés***

S. BOUTILLIER, D. UZUNIDIS (dir.), *La Russie européenne. Du passé composé au futur antérieur*, 2008.
R. VOLPI, *La négociation. Pain, paix, liberté*, 2009.

► ***Série Cours Principaux***

O. ESNEU, *Le droit du transport routier de marchandises (TRM)*, 2018.
G. DUTHIL, *Economie publique et métamorphoses sociales*, 2019.
R. SANTENAC, *Le cycle des crises financières. Une étude approfondie des causes, des impacts et de la fréquence*, 2020.
B. LANDAIS, *Macroéconomie efficace. Croissance et crises*, 2020.
A. MBULI LANDU, *Le memo d'un comptable. Approche par le SYSCOHADA révisé*, 2021.

► ***Série L'économie formelle***

S. A. DJELHI-YAHOT, *La théorie des finances publiques optimales. une approche gagnante pour l'Afrique*, 2020.
A. EL ALAOUI, *Modèle d'équilibre général calculable. Présentation théorique et application empirique*, 2020.
H. AMAAZOUL, *Responsabilité sociétale des entreprises et performance financière. Étude appliquée aux entreprises marocaines*, 2021.
M. BERTONECHE, *Chroniques économiques de notre temps*, 2021.
E. CARREY, H. LANDIER, *Après la guerre contre la Covid : de l'économie financière a l'entrepreneuriat social*, 2021.
J. LATREILLE, *Sale temps pour l'économie marchande*, 2021.

Structures éditoriales du groupe L'Harmattan

L'Harmattan Italie
Via degli Artisti, 15
10124 Torino
harmattan.italia@gmail.com

L'Harmattan Hongrie
Kossuth l. u. 14-16.
1053 Budapest
harmattan@harmattan.hu

L'Harmattan Sénégal
10 VDN en face Mermoz
BP 45034 Dakar-Fann
senharmattan@gmail.com

L'Harmattan Cameroun
TSINGA/FECAFOOT
BP 11486 Yaoundé
inkoukam@gmail.com

L'Harmattan Burkina Faso
Achille Somé – tengnule@hotmail.fr

L'Harmattan Guinée
Almamya, rue KA 028 OKB Agency
BP 3470 Conakry
harmattanguinee@yahoo.fr

L'Harmattan RDC
185, avenue Nyangwe
Commune de Lingwala – Kinshasa
matangilamusadila@yahoo.fr

L'Harmattan Congo
67, boulevard Denis-Sassou-N'Guesso
BP 2874 Brazzaville
harmattan.congo@yahoo.fr

L'Harmattan Mali
ACI 2000 - Immeuble Mgr Jean Marie Cisse
Bureau 10
BP 145 Bamako-Mali
mali@harmattan.fr

L'Harmattan Togo
Djidjole – Lomé
Maison Amela
face EPP BATOME
ddamela@aol.com

L'Harmattan Côte d'Ivoire
Résidence Karl – Cité des Arts
Abidjan-Cocody
03 BP 1588 Abidjan
espace_harmattan.ci@hotmail.fr

Nos librairies en France

Librairie internationale
16, rue des Écoles
75005 Paris
librairie.internationale@harmattan.fr
01 40 46 79 11
www.librairieharmattan.com

Librairie des savoirs
21, rue des Écoles
75005 Paris
librairie.sh@harmattan.fr
01 46 34 13 71
www.librairieharmattansh.com

Librairie Le Lucernaire
53, rue Notre-Dame-des-Champs
75006 Paris
librairie@lucernaire.fr
01 42 22 67 13

www.ingramcontent.com/pod-product-compliance
Lightning Source LLC
LaVergne TN
LVHW010934051026
849532LV00003B/982